U0583565

文库

丛书主编 郑毅

吉林纪略·二

柳边纪略　宁古塔纪略

绝域纪略　吉林舆地说略

吉林地略　吉林形势

清·杨宾 撰

清·吴桭臣 方拱乾 著

杨立新 韦庆媛 整理

吉林文史出版社

《长白文库》编委会

（排名不分先后）

主编：郑　毅　北华大学东亚历史与文献研究中心

顾问：刁书仁　东北师范大学历史文化学院
　　　马大正　中国社会科学院中国边疆研究所
　　　王禹浪　大连大学中国东北史研究中心
　　　汤重南　中国社会科学院世界历史研究所
　　　宋成有　北京大学历史学系
　　　陈谦平　南京大学历史系
　　　杨栋梁　南开大学历史学院
　　　林　沄　吉林大学考古学院
　　　徐　潜　吉林出版集团
　　　张福有　吉林省文史研究馆
　　　蒋力华　吉林省文史研究馆

编委：王中忱　清华大学中国语言文学系
　　　任玉珊　北华大学
　　　刘信君　吉林大学马克思主义学院
　　　刘　钊　复旦大学出土文献与古文字研究中心
　　　刘岳兵　南开大学日本研究院
　　　刘建辉　（日）国际日本文化研究中心
　　　李大龙　中国历史研究院中国边疆研究所
　　　李无未　厦门大学文学院
　　　李德山　东北师范大学古籍研究所
　　　李宗勋　延边大学历史系
　　　杨共乐　北京师范大学历史学院
　　　张福贵　吉林大学文学院
　　　张　强　吉林文史出版社
　　　韩东育　东北师范大学
　　　佟轶材　北华大学
　　　黑　龙　大连民族大学东北少数民族研究院

《长白文库》总序

  中华优秀传统文化是中华民族的"根"和"魂"，习近平总书记高度重视中华优秀传统文化，并将其作为治国理政的重要思想文化资源。"不忘本来才能开辟未来，善于继承才能更好创新。""优秀传统文化是一个国家、一个民族传承和发展的根本，如果丢掉了，就割断了精神命脉。"中华优秀传统文化具有多样性和地域性等特征，东北地域文化是多元一体的中华文化中的重要组成部分。吉林省地处东北地区中部，是中华民族世代生存融合的重要地区，素有"白山松水"之美誉，肃慎、扶余、东胡、高句丽、契丹、女真、汉族、满族、蒙古族等诸多族群自古繁衍生息于此，创造出多种极具地域特征的绚烂多姿的地方文化。为了"弘扬地方文化，开发乡邦文献"，自 20 世纪 80 年代起，原吉林师范学院李澍田先生积极响应陈云同志倡导古籍整理的号召，应东北地区方志编修之急，服务于东北地方史研究的热潮，遍访国内百余家图书馆寻书求籍，审慎筛选具有代表性的著述文典 300 余种，编撰校订出版以《长白丛书》（以下简称《丛书》）为名的大型东北地方文献丛书，迄今已近 40 载。历经李澍田先生、刁书仁和郑毅两位教授三任丛书主编，数十位古籍所前辈和同人青灯黄卷、兀兀穷年，诸多省内外专家学者的鼎力支持，《丛书》迄今已共计整理出版了 110 部 5000 余万字。《丛书》以"长白"为名，"在清代中叶以来，吉林省疆域迭有变迁，而长白山钟灵毓秀，蔚然耸立，为吉林名山，从历史上看，不咸山于《山海经·大荒北经》中也有明确记录，把长白山当作吉林的象征，这是合情合理的。"（《长白丛书》初版陈连庆先生序）

1983 年吉林师范学院古籍研究所（室）成立，作为吉林省古籍整理与研究协作组常设机构和丛书的编务机构，李澍田先生出任所长。全国高校古籍整理工作委员会、吉林省教委和省财政厅都给予了该项目一定的支持。李澍田先生是《丛书》的创始人，他的学术生涯就是《丛书》的创业史。《丛书》能够在国内外学界有如此大的影响力，与李澍田先生的敬业精神和艰辛努力是分不开的。《丛书》创办之始，李澍田先生"邀集吉、长各地的中青年同志，乃至吉林的一些老同志，群策群力，分工合作"（初版陈序），寻访底本，夙兴夜寐逐字校勘，联络印刷单位、寻找合作方，因经常有生僻古字，先生不得不亲自到车间与排版工人拼字铸模；吉林文史出版社于永玉先生作为《丛书》的第一任责编，殚精竭虑地付出了很多努力，为《丛书》的完成出版做出了突出贡献；原古籍所衣兴国等诸位前辈同人在辅助李澍田先生编印《丛书》的过程中，一道解决了遇到的诸多问题、排除了诸多困难，是《丛书》草创时期的重要参与者。《丛书》自 20 世纪 80 年代出版发行以来，经历了铅字排版印刷、激光照排印刷、数字化出版等多个时期，《丛书》本身也称得上是改革开放以来中国印刷史的见证。由于《丛书》不同卷册在出版发行的不同历史时期，投入的人力、财力受当时的条件所限，每一种图书的质量都不同程度留有遗憾，且印数多则千册、少则数百册，历经数十年的流布与交换，有些图书可谓一册难求。

1994年，李澍田先生年逾花甲，功成身退，由刁书仁教授继任《丛书》主编。刁书仁教授"萧规曹随"，延续了《丛书》的出版生命，在经费拮据、古籍整理热潮消退、社会关注度降低的情况下，多方呼吁，破解困局，使得《丛书》得以继续出版，文化品牌得以保存，其功不可没。1999年原吉林师范学院、吉林医学院、吉林林学院和吉林电气化高等专科学校合并组建为北华大学，首任校长于庚蒲教授力主保留古籍所作为北华大学处级建制科研单位，使得《丛书》的学术研究成果得以延续保存。依托北华大学古籍所发展形成的专门史学科被学校确定为四个重点建设学科之一，在东北边疆史地研究、东北民族史研究方面形成了北华大学的特色与优势。

2002年，刁书仁教授调至扬州大学工作，笔者当时正担任北华大学图书馆馆长，在北华大学的委托和古籍所同人的希冀下，本人兼任古籍所所长、《丛书》主编。在北华大学的鼎力支持下，为了适应新时期形势的发展，出于拓展古籍研究所研究领域、繁荣学术文化、有利于学术交流以及人才培养工作的实际需要，原古籍研究所改建为东亚历史与文献研究中心，在保持原古籍整理与研究的学术专长的同时，中心将学术研究的视野和交流渠道拓展至东亚地域范围。同时，为努力保持《丛书》的出版规模，我们以出文献精品、重学术研究成果为工作方针，确保《丛书》学术研究成果的传承与延续。

在全方位、深层次挖掘和研究的基础上，整套《丛书》整理与研究成果斐然。《丛书》分为文献整理与东亚文化研究两大系列，内容包括史料、方志、档案、人物、诗词、满学、农学、边疆、民俗、金石、地理、专题论集 12 个子系列。《丛书》问世后得到学术界和出版界的好评,《丛书》初集中的《吉林通志》于 1987 年荣获全国古籍出版奖,三集中的《东三省政略》于 1992 年获国家新闻出版总署全国古籍整理图书奖,是当年全国地方文献中唯一获奖的图书。同年,在吉林省第二届社会科学成果评奖中,全套丛书获优秀成果二等奖,并被国家新闻出版总署列为"八五"计划重点图书。1995 年《中国东北通史》获吉林省第三届社会科学优秀成果二等奖。2005 年,《同文汇考中朝史料》获北方十五省(市、区)哲学社会科学优秀图书奖。

　　《丛书》的出版在社会各界引起很大反响,与当时广东出现的以岭南文献为主的《岭南丛书》并称国内两大地方文献丛书,有"北有长白,南有岭南"之誉。吉林大学金景芳教授认为"编辑《长白丛书》的贡献很大,从《辽海丛书》到《长白丛书》都证明东北并非没有文化"。著名明史学者、东北师范大学李洵教授认为:"《长白丛书》把现在已经很难得的东西整理出来,说明东北文化有很高的水准,所以丛书的意义不只在于出了几本书,更在于开发了东北的文化,这是很有意义的,现在不能再说东北没有文化了。"美国学者杜赞奇认为"以往有关东北方面的材料,利用日文资料很多。而现在中文的《长白丛书》则很有利于提高中国东北史的研究"(《长白丛书》出版十周年纪念会上的发言)。中国社会科学院边疆史地研究中心主任厉声研究员认为:"《长白丛书》已经成为一个品牌,与西北研究同列全国之首。"(1999 年 12 月在《长白丛书》工作规划会议上的发言)目前,《长白丛书》已被收藏于日本、俄罗斯、美国、德国、英国、加拿大、澳大利亚、韩国及东南亚各国多所学府和研究机构,并深受海内外史学研究者的关注。

　　为了更好地传承和弘扬优秀地域文化,再现《丛书》在"面向吉林,服务桑梓"方面的传统与特色，2010 年前后，我与时任吉林文史出版社社长的徐潜先生就曾多次动议启动出版《长白丛书精品集》，并做了相应的前期准备工作，后因出版资助经费落实有困难而一再拖延。2020 年，以十年前的动议与前期工作为基础，在吉林省省级文化发展专项资金的资助下，北华大学东亚历史与文献研究中心与吉林文史出版社共同议定以《长白丛书》为文献基础，从《丛书》已出版的图书中优选数十种具有代表性的文献图书和研究著述合编为《长白文库》加以出版。

《长白文库》是在新的历史发展时期对《长白丛书》的一种文化传承和创新，《长白丛书》仍将以推出地方文化精华和学术研究精品为目标，延续东北地域文化的文脉。

《长白文库》以《长白丛书》刊印 40 年来广受社会各界关注的地方文化图书为入选标准，第一期选择约 30 部反映吉林地域传统文化精华的图书，充分展现白山松水孕育的地域传统文化之风貌，为当代传统文化传承提供丰厚的文化滋养，是一件功在当代、利在千秋的文化盛举。

盛世兴文，文以载道。保存和延续优秀传统文化的文脉，是人文社会科学研究者的社会责任和学术使命，《长白丛书》在创立之时，就得到省内外多所高校诸多学界前辈的关注和提携，"开发乡邦文献，弘扬地方文化"成为 20 世纪 80 年代一批志同道合的老一辈学者的共同奋斗目标，没有他们当初的默默耕耘和艰辛努力，就没有今天《长白丛书》这样一个存续 40 年的地方文化品牌的荣耀。"独行快，众行远"，这次在组建《长白文库》编委会的过程中，受邀的各位学者都表达了对这项工作的肯定和支持，慨然应允出任编委会委员，并对《长白文库》的编辑工作提出了诸多真知灼见，这是学界同道对《丛书》多年情感的流露，也是对即将问世的《长白文库》的期许。

感谢原吉林师范学院、现北华大学 40 年来对《丛书》的投入与支持，感谢吉林文史出版社历届领导的精诚合作，感谢学界同人对《丛书》的关心与帮助！

郑　毅

谨序于北华大学东亚历史与文献研究中心

2020 年 7 月 1 日

《长白丛书》序

　　吉林师范学院李澍田同志，悉心钻研历史，关心乡邦文献，于教学之余，搜罗有关吉林的书刊，上自古代，下迄辛亥，编为《长白丛书》，征序于予，辞不获命。爰缀予所知者书于简端曰：

　　昔孔子有言："夏礼吾能言之，杞不足征也。殷礼吾能言之，宋不足征也。文献不足故也，足则吾能征之矣。"说者以为："文，典籍也。献，贤也。"这是因为文献与历史研究相辅相成，缺乏必要的文献，历史研究便无从措手。古代文献，如十三经、二十四史之属，久已风行海内外，家传户诵，不虞其失坠，而近代文献往往不易保存。清代学者章学诚对此曾大声疾呼，希望唤起人们的注意，于其名著《文史通义》中曾详言之。然而，保存文献并不如想象那么容易。贵远贱近，习俗移人，不以为意，随手散弃者有之。保管不善，毁于水火，遭老鼠批判者有之。而最大损失仍与政治原因有关。自清朝末叶以来，吉林困厄极矣，强邻环伺，国土日蹙，先有日、俄帝国主义战争，继有军阀割据，九一八事变后，又有敌伪十四年统治，国土沦陷，生民憔悴。在政权更迭之际，人民或不免于屠刀，图书文物更随时有遭毁弃和掠夺的命运。时至今日，清代文书档案几如凤毛麟角，九一八事变以前书刊也极为罕见。大抵有关抨击时政者最先毁弃，有关时事者则几无孑遗。欲求民国以来一份完整无缺的地方报纸已不可能，遑论其他。

　　中华人民共和国成立以来，百废俱兴，文教事业空前发展。而中经十年内乱，公私图书蒙受极大损失，断简残篇难以拾掇。吉林市旧家藏书，"文革"期间遭到洗劫，损失尤重。粉碎"四人帮"后，祖国复兴，文运欣欣向荣，在拨乱反正的号召下，由陈云同志倡导，大张旗鼓，整理古籍，一反民族虚无主义积习，尊重祖国悠久文化传统，为振兴中华，提供历史借鉴。值此大好时机，李澍田同志以一片爱国爱乡的赤子之心，广泛搜求有关吉林文史图书，不辞劳苦，历访东北各图书馆，并远走京沪各地，仆仆风尘，调查访问，即书而求人，因人而求书，在短短几年时间里，得书逾千，经过仔细筛选，择其有代表性者三百种，编为《长白丛书》。盖清代中叶以来，吉林省疆域迭有变迁，而长白山钟灵毓秀，巍然耸立，为吉林名山，从历史上看，不咸山于《山海经·大荒北经》中也有明确记录，把长白山当作吉林的象征，这是合情合理的。

　　丛书中所收著作，以清人作品为最多，范围极其广泛，自史书、方志、游记、档案、家谱以下，又有各家别集、总集之属。为网罗散佚，在宋、辽、金以迄明代的著作之外，又以文献征存、史志辑佚、金石碑传补其不足，取精用宏，包罗万象，可以说是吉林文献的总汇。对于保存文献，具有重大贡献。

　　回忆酝酿编余之际，李澍田同志奔走呼号，独力支撑，在无人、无钱的条件下，邀集吉长各地的中青年同志，乃至吉林的一些老同志，群策群力，分工合作，众志成城，大业克举。在整理文献的过程中，摸索出一套先进经验，培养出一支坚强队伍。这也是有志者事竟成的一个范例。

　　我与李澍田同志相处有年，编订此书之际，澍田同志虚怀若谷，对于书刊的搜求、目录的选定，多次征求意见。今当是书即将问世之际，深喜乡邦文献可以不再失坠，故敢借此机会聊述所怀。殷切希望读此书者，要从祖国的悲惨往事中，培养爱祖国、爱乡土的心情，激发斗志，为"四化"多作贡献。也殷切希望读此书者能够体会到保存文献之不易，使焚琴煮鹤的蠢事不要重演。

当然，有关吉林的文献并不仅以汉文书刊为限，在清代一朝就有大量的满、蒙文的档案和图书，外又有俄、日、英、美各国的档案和专著，如能组织人力，有计划、有步骤地进行整理，提要钩玄勒成专著，先整理一部分，然后逐渐扩大，这也是不朽的盛业，李君其有意乎？

吉林　陈连庆　谨序
一九八六年五月一日

旧版前言

在"开发乡邦文献,弘扬地方文化"的旗号下,吉林师范学院古籍研究所以"长白丛书"为载体,坚持进行东北地方文献的整理研究工作。十年来"丛书"形成整理与研究两大系列,下分通史、辞书、农学、满学、民俗、史志、档案、金石、诗词、人物、边疆,以及东北亚等二十个子系列,总达2500万字。

吉林是"长白丛书"的根,也是我们倡导的"长白文化"的源。历年来,我们以"面向吉林,服务桑梓"为宗旨,努力开发乡邦文献,前此已出:《吉林志书》《吉林外纪》《吉林志略》《吉林通志》《吉林新志》《吉林公署政书》《吉林乡土志》《吉林地志》《鸡林旧闻录》《吉林盐政》《永吉县志》《打牲乌拉志典全书》《打牲乌拉乡土志》《永吉县乡土资料》《乌拉史略》《扈伦研究》《吉林满俗研究》《吉林纪事诗》《吉林杂咏》《鸡塞集》《松江修暇集》《吉林三杰(成多禄、宋小濂、徐鼐霖)集》《吉林农业档案》《吉林金碑》《松漠纪闻》《东巡日录》《西团山文化研究》等三十余种古籍或专著,旁及涵盖全东北的政书、通史、辞书、画册、资料、著作,已出书六十六部。以"长白丛书"百部目标衡之,目下已成书三分之二。

本书即为"长白丛书"史志系列之一,本编采辑吉林史地名著十种。地范仍以旧吉林省界为域,上起清代康熙中叶,下迄民国二十年。至此,可谓传世的吉林文献业已包览无遗。统而言之,前此所出相关诸书乃九一八事变前吉林全书之集成。今后,我们开发乡邦文献的系统工程,将深入发掘吉林将军衙门档案及民国吉林公署档案，撰写《吉林通史简编》《吉林诗词集粹》《吉林名人传记》等专著，兼及东北与东北亚对吉林的记述，预计二千年定可蒇事。

鉴古知今，古为今用，我们还将涉足于吉林地情、吉林文化的研究领域，为弘扬地方文化，建设乡土文明竭尽绵薄。

本编十种，大别有三，兹分述之。

一为清代吉林史地杂著

《柳边纪略》五卷，清人杨宾撰。宾字可师，号大瓢山人，又号耕夫、小铁，浙江山阴（今绍兴）人。生于清顺治七年（1650），卒于康熙五十九年（1720）。作者十三岁时，其父杨越以浙东通海案遣戍宁古塔；当四十岁（康熙二十八年），万里冰霜出塞省亲，盘桓三月。四年后，其父亡于戍所。杨氏奔走呼号凡四百五十五天，获准迎母奉父柩归里。"回念耳目所闻见，有宜书者"，乃撰纪略，终于康熙四十六年正月定稿付梓。"其书网罗巨细，足以订史书之谬，而补版图之缺。"

《柳略》有康熙刻本、木犀轩藏清抄本、道光间刊昭代丛书本、光绪间刊仰视千七百二十九鹤斋丛书本、小方壶斋舆地丛抄本、民国间商务印书馆铅印丛书集成初编本，以及辽海丛书本，近有1985年黑龙江人民社出版龙江三纪本。本次所出以鹤斋丛书为底本，参以昭代丛书本、小方壶本及全辽备考本。订讹补遗，择善而从，不出校记，并补充作者自序。

另者，莆田林佶之全辽备考，系钞录柳略，窜易前后，冠以篇目。本编为清眉目，据以补加要目。

《宁古塔纪略》一卷，清人吴桭臣撰，桭臣字南荣，小字苏还，江苏吴江人，清康熙三年（1664）生于宁古塔。其父吴兆骞（字汉槎），以南闱科场冤案流放宁古塔二十三载，后获友人营救，得以赎还。作者自述：

"余生长边陲，入关之岁，已为成人。其中风土人情，山川名胜，悉皆谙习，颇能记忆。"吴氏据亲历目击撰成此著。《四库全书总目》有云："白山黑水之间，古来舆记，大抵得诸传闻。即近时修志乘者，秉笔之人亦未必亲至其地。"本书以当时人记当地事，难能可贵，具有极大的史料价值。

该书版本，有清道光十年长沙顾氏刊赐砚堂丛书新编（丙集）本，道光间刊吴江沈氏世楷堂刻昭代丛书本，道光二十三年琴川郑氏青玉山房刊舟车所至本，北图藏清抄本，光绪六年南清河王氏排印小方壶斋丛抄（卷三）本，光绪十七年上海著易堂铅印小方壶斋舆地丛抄本第一帙，光绪十八年顺德龙氏刻知服斋丛书本第二集，光绪间元和胡氏石印渐学庐丛书本第一集，光绪中桐庐袁氏刊渐西村舍汇刻本，光绪二十九年金匮浦氏刻皇朝藩属舆地丛书本第二集，民国间上海商务印书馆排印丛书集成初编本，凡十一种。本编采用刊刻较早的昭代丛书为底本，以渐西村舍丛刊本、知服斋丛书诸本参校互补，增加附记及序跋，渐西村舍丛刊本眉注附后。

《绝域纪略》一卷，方拱乾著。拱乾初名若策，字肃之，号坦庵，又号云麓老人，赦归后又号苏庵，安徽桐城人，生于明万历二十四年（1596），清顺治十四年，亦以丁酉科场案率全家数十口流徙宁古塔。十八年赎还，流寓扬州。康熙元年七月，据其宁古塔近千天见闻，于荷阴客舍写成本书。

本书又作《宁古塔志》，凡七目：流传、天时、土地、宫室、树畜、风俗、饮食。文简意深，弥足珍贵。

今从道光间吴江沈氏世楷堂刻昭代丛书本，参以同朝金山钱氏刻指海本整理复刊。

《吉林舆地说略》，上海图书馆所藏稿本，撰人不详，后记成于同治四年四月十五日，孤本为贵，特从附载。

按吉林舆地之书，世传枝江曹廷杰光绪中三大名著。光绪二十四年（1898），又有杨伯馨（同桂）、秦世铨（曙村）所辑之吉林舆地略二卷以及吉林舆地图说二册，此与光绪二十八年之吉林分巡道造送会典馆、国史馆清册大同小异。又与吉林通志之沿革志及舆地志有详略之别。秦序云："吉林舆地略二卷，将军咨送会典馆者也。原稿分门列表，如沿革疆域、天度、山镇、水道、乡镇、职官、驿站，条析类系，考核精确，有俾舆地，盖不必读通志全书而边徼形势如在目前矣。"本编所收，盖在其前，益形宝贵，足资考镜。

《吉林纪略》，江苏武进马冠群著;《吉林形势》，浙江义乌朱一新著，均从光绪间王锡祺所辑小方壶斋舆地丛抄，载再补编第一帙。前书列乌喇、建置、长白山及诸山、诸水、库页岛、宁古塔城、完达山、小白山、吉林峰、德林石、松花江、土门江、虎尔哈部诸目。后书专论中俄交界及交涉之危迫形势。纸短意深，合计不逾万言。

二为民国时代的吉林舆地专书

《吉林汇征》二卷七章，合肥郭熙楞撰。郭君字伽园，居官吉林，公余之暇，搜集遗文，征求细说，民国三年掇为一集，凡疆域沿革、山川支派、官兵设制、种族、风俗、金石靡不具备，于国界、国防尤为着意，并附录舆地杂志，考证精核。民国六年（1917）印行，151页，约六万五千字。

《大中华吉林省地理志》二十二篇百六十章，林传甲初纂，编者字奎腾，福建闽侯人。书成于民国十年十二月十日，吉林省教育厅编辑，吉东印刷社印刷。

林子职掌龙沙教育十年，南归京师任大中华地理志总纂。民国七年七月七日，吉林省教育会长王伯康约林游吉，倡编吉林志。八年八月八日，吉林一师吴宪之校长复邀来吉，十年十月十日，脱稿。

该书博收约取，信而有征，采辑调查，务求翔实，"体例适而文失于略"。

《增订吉林地理纪要》上下二卷，武进魏声和撰，民国二十年（1931）吉东印刷社铅印。线装二册，160页，约四万字。

魏君劢卿，曾侍曹廷杰讲席，尝任吉长报社撰述，夙研东北地理，究心掌故。民国二年尝撰《吉林地志》及《鸡林旧闻录》二书，民国七年曾成《吉林地理纪要》一书。自知前著未洽，复加搜讨记述，辑录时贤高论，掇拾官署档案，引用名家之言，芟易芜杂，精加考核，上卷全为新著，下卷录存前稿十之四五。虽曰增订，不啻创编。

是书首列全省总图、山脉、水道、国界、交通，合为上卷，下卷于记载各县沿革形要之后，别为附录，内述山川、古迹，旁及国际要闻，今日虽时过境迁，然于研习吉省地理自有其不朽的价值。

附载《查办吉林事件案》系上海图书馆藏抄本，为盛京将军崇琦光绪九年奉命查办吉林将军铭安等官贪赃枉法的案档。从一个侧面反映清代吉林政界的腐败，以其首次面世而显珍贵，足资证史。

此番整理一仍"长白丛书"校点通例，以从简化一为则，一律不注。化繁为简，汰异易正，错讹衍夺，订正径改；诸版异同，盖加补订，求全责备；通用不一文字，一仍其旧，并酌加目录，以便检索。

编　者

1994 年春节

目　录

柳边纪略

清代　山阴耕夫　杨宾　撰
吉林　　杨立新　　　整理

柳边纪略自序

中原土地之入郡县者，山川、方域、物产、风俗，皆有文以书之。书而不能尽与所不及书者，则征之逸民、遗老，所谓献也。文献备而郡县之志成。若乃不入郡县之地，虽声教已通，中原之人偶一至焉，皆出九死一生。呻吟愁苦之余，谁复留一字以传？若冷山之《松漠纪闻》，五国城之《南烬纪闻》，英宗北狩之《革书》，亦绝无而仅有。然《南烬》所载道里、方域，与《金史》不同，又极诋朱后，前辈多言其伪。而《松漠》《革书》所记，亦甚寥寥，不足比于郡县志，以无文献助之也。宁古塔在五国城、冷山之间，明时隶奴儿干都司，今则与盛京唇齿，然弥望无庐舍，行数日不见一人。

康熙初，先子坐张、魏之狱，徙于此。余年十三，奉先大母于江浙间，丧葬旋讫，年已四十矣！然后出塞。惟日有白云亲舍之思，而又阴风朔霰，皲瘃其肌肤，耳鼻手指一触辄堕地。入阿稽则万木蔽天，山魈怪鸟叫嚎应答，丧人胆。断冰古雪胶树石，不受马蹄。马蹶而仆者再，触石破颅，血流数升而死。死半日乃复苏，苏久之，犹不知在人世间！方是时，辽阳、松、杏、大小凌河诸战场；南北关、木叶、老边、混同、呼里改诸阨塞，皆跋涉于呻吟愁苦之中。及至，喜极而悲，日侍两亲，供三十年子职于数月之间，尚何心求宁古塔之文献而书之哉！

迨后先子即世，归葬中原，回念耳目所闻见，有宜书者：卫所之设虽自成、宣、英三朝，然中原无往者，传闻多不详。如长白山在宁古塔南，旧图皆画于北，山半一潭，周三十里弱，而《明一统志》则云八十里，如此舛谬者甚多，一宜书。先子谪居久，变其国俗，不异于管宁、王烈之居辽东，宁古塔人至今思之，二宜书。边外不设郡县，无志又无他记载，而余适过之，三宜书。文字虽无，而余所遇老兵宿将，其言有可采者；又先子至其地在三十年前，所见三十年前之老兵宿将，是即其地之献也，而余亦得闻其言于先子，四宜书。泉甘土肥，物产如参、貂，非中国有；楛矢，自孔子后，谁复能辨之？地又在辽东三卫外，可城郭非他羁縻者比，五宜书。夫地在异国，好事者犹将书之，况有此五宜书，余安敢不书？此《柳边纪略》所以作也。

　　柳边者，插柳条为边，犹古之种榆为塞。而以之名其书者，以柳边为宁古塔境也。若黑龙江则附宁古塔者也，亦得书。奉天则补其志之缺者也，亦牵连书之。虽其山川、建置、风俗、灾祥，率多未备，不敢比于中原郡县志，或以其出自呻吟愁苦之余，而附于洪忠宣《松漠纪闻》后，斯幸矣。

　　　　　　　　　　　　　　　　　　　　大瓢山人　杨宾

柳边纪略卷之一

清　山阴耕夫　杨　宾撰

　　自古边塞种榆，故曰榆塞。今辽东皆插柳条为边，高者三四尺，低者一二尺，若中土之竹篱，而掘壕于其外，人呼为柳条边，又曰条子边。

　　条子边西自长城起，东至船厂止，北自威远堡门起，南至凤凰山止。按明时辽镇边墙，西北自长城蓟镇界铁场堡起，至东北开原之永宁堡止，共六十八堡。边长一千二百四十八里。东北自开原之镇北堡起，至东南凤凰城堡止，共二十六堡，边长五百二十里。而今之兴京、船厂，则皆明时边外地也。设边门二十一座，曰凤凰城门，曰爱哈门，曰兴京边门，曰加木禅门，曰英额门，曰威远堡门，曰发库门，曰彰武台门，曰白土厂门，曰清河门，曰九官台门，曰黑松岭子门，曰长岭山门，曰新台门，曰黑山口门，曰高台堡门，曰平川营门，曰布儿德库苏把儿汉门，曰黑儿苏门，曰易屯门，曰发忒哈门。此《盛京志》所载者也。而《会典》则又称西自长城起，东至喇林山止，设边门十四座，曰名水堂门，曰宽邦门，曰碾盘门，曰新台门，曰松岭门，曰九官台门，曰清河门，曰白土厂门，曰章古台门，曰法库门，曰布尔都库苏巴尔汉门，曰黑尔苏门，曰衣屯门，曰法忒汉门。北自威远门堡起，曰威远门，曰英额口门，曰因登门，曰碱厂门，曰瑷阳门，曰凤凰城门，凡六门。共二十门，较之京志则少门一，而不同者九。盖志纂于康熙初，而《会典》成于康熙二十六年,是《会典》在后矣。当以《会典》为正。按明时辽镇设关十,辽阳城东南百八十里,通鲜者,曰连山关。瑷阳城北三里,曰镇朔关。沈阳城东北,抚顺城东二十里,建州互市者,曰抚顺关。开原城东六十里,靖安堡地方,曰广顺关。开原城东七十里,彝人互市者,曰镇北关。开原城西六十里,庆云堡地方,曰新安关。广宁城东北七十里,彝人互市者,曰镇远关。广宁城北八里,曰分水岭关。金州城南一百二十里,通海运者,曰旅顺口关。海州城西南七十里,海运船由此入辽河者,曰梁房口关。设沿边冲要堡一百有三,曰铁场,曰永安,曰背阴障,曰三山营,曰平川营,曰瑞昌,曰高台,曰三道沟,曰新兴营,曰锦川营,曰黑庄窠,曰仙灵寺,曰小团山,曰兴水县,曰白塔峪,曰寨儿山,曰灰山,曰松山寺,曰沙河儿,曰长岭,曰椴木冲,曰大兴,曰大福,曰大镇,曰大胜,曰大茂,曰大定,曰大安,曰大康,曰大平,曰大宁,曰大静,曰大清,曰镇夷,曰镇边,曰镇静,曰镇安,曰镇远,曰镇宁,曰镇武,曰西兴,曰平洋桥,曰东昌,曰东胜,曰长静,曰长宁,曰长安,曰长胜,曰长勇,曰长营,曰静远,曰平虏营,曰上榆林,曰十方寺,曰丁字泊,曰宋家泊,曰曾迟,曰镇西,曰彭家湾,曰平定,曰定远,曰庆云,曰古城,曰镇彝,曰清阳,曰永宁,曰镇北,曰威远,曰静安,曰松山,曰柴河,曰抚安,曰白家冲,曰三岔儿,曰曾安,曰东州,曰散羊峪,曰马根单,曰一堵墙,曰清河,曰碱场,曰张其哈,曰双堆儿,曰洒马吉,曰瑷阳,曰宽佃子,曰长岭,曰散等,曰长佃子,曰刘官寨,曰汤站,曰凤凰城,曰青台峪,曰镇东,曰镇彝,曰甜水站,曰黄骨岛,曰归服堡,曰红嘴,曰望海窝,曰镇远,每门设苏喇章京一员,笔帖式一员,披甲十名。

盛京城,周九里三百三十二步。是洪武二十一年,指挥闵忠因旧址筑四门。大清天聪五年,增高一丈,拓大三百步,周共十里二百七十二步。康熙十九年，筑关墙，周围三十二里四十八步，高七尺五寸。门改为八，东曰抚近，小东曰内治，大南曰德盛，小南曰天祐，大西曰怀远，小西曰外攘，大北曰福胜，小北曰地载。外书满文，内书汉文，不似今之满汉左右书也。城中有钟、鼓二楼，百货集其下。

皇城，在南门内，规模虽小，金碧亦可观。中宫曰清宁宫，东宫曰关雎宫，西宫曰麟趾宫，次东宫曰衍庆宫，次西宫曰永福宫。楼曰翔凤，阁曰飞龙。正殿曰崇政殿，大门曰大清门，东曰东翊门，西曰西翊门，大殿曰笃恭殿，东坊曰文德，西坊曰武功。江南道士苗双冥君稷守之，时年八十余矣。城左有圆殿一，正中脊高二丈，基高尺许，大如高之半。左右小圆殿各五，基与地等，脊高丈许，大亦半之，太祖率诸贝勒受朝贺处也。

盛京西六十里有土墙基，号曰老边，疑即明朝失辽阳后边墙。

东北柳条边内外设将军三，曰盛京将军，曰宁古塔将军，曰爱浑将军，即黑龙江将军。府尹一，曰奉天府尹。盛京将军、奉天府尹所属：东至兴京，西至山海关永平府界，南至海，北至发忒哈门柳条边，东北至威远堡门。设京二，曰兴京，周秦属肃慎氏。汉晋属挹娄。隋属高丽。唐初置燕州，后为渤海大彝震所据改属定理府。辽金属潘州。明属建州右卫。在边外，名黑图阿喇城，大清发祥地，天聪八年，改为天眷兴京。曰盛京。禹贡属青州，属肃慎氏，周属朝鲜。秦辽东郡。汉辽东、乐浪、玄菟三郡地，明帝末，为乌桓、鲜卑所据，献帝初平三年，属公孙度辽东郡地；初平末属曹操。晋改辽东郡为国，领县八。后魏仍为辽东郡。隋没于高句丽。唐高宗平高句丽，置安东大都护府；玄宗时，属渤海郡王大祚荣渤海郡地。后十二世孙彝震僭号，建定、沈二州，属定理府。辽属东京昭德军，金属东京显德军。元初为沈州，后改沈阳路，属辽阳行中书省。明洪武二十年，建沈阳中卫。大清天聪八年，改为天眷盛京；顺治元年裁卫所，设驻防官兵。府二，曰奉天府，即盛京，顺治十四年设，曰锦州府，《禹贡》属冀州，虞夏属幽州，商属孤竹国，周属燕。秦辽西地，汉无虑、望平县地，属辽东郡幽州刺史领之。晋慕容氏西乐郡。唐柳城县，属营州。辽金锦州临海军，隶中京大定府。元省军县，名止称锦州，隶大宁路。明洪武二十六年，建广宁中、左屯卫。大清康熙三年，改锦州为锦县，康熙四年，乃置锦州府。州三，曰：辽阳州，周朝鲜界。战国燕地。秦汉属辽东郡。东汉改辽阳县，属玄菟郡，魏属辽东郡，晋属襄平。隋属高句丽。唐辽州，属安东大都护，渤海改属东平郡。辽初建东平郡，号南京，后改为东京辽阳府。金东京。元辽阳行中书省。明洪武四年，置定辽都卫、辽东卫。八年，改定辽都卫为辽东都指挥使司。十年，改辽东卫为定辽后卫，升前千户所为定辽前卫，左千户所为定辽左卫。十七年，建定远中卫。十九年，建东宁卫。永乐七年建自在州。大清顺治元年裁诸卫，十年置辽阳府辽阳县，十四年除辽阳府名。康熙四年，改县为州，属奉天府。曰宁远州，商孤竹国地。周属燕。秦属辽西郡，汉海阳县地，属辽西郡。晋慕容皝置集宁县。唐瑞州。辽显州平海军，海阳县地，属来州。金海阳、海滨二县地，属瑞州。元瑞州地，属大宁路。明初本广宁卫地，宣德三年，分置宁远卫。大清顺治元年裁卫；康熙三年置宁远州，属锦州府。曰金州。周秦朝鲜界，本辰韩地。汉属玄菟郡。晋属高句丽。唐初置金州统之，后渤海属杉卢郡。辽复州化成县，后改金州，属苏州安复军。元初属盖州路，后并入辽阳路。明洪武四年，置金州卫，而中左所则在旅顺。大清顺治元年裁卫所，十年复为金州，属锦州府。县七，曰承德，奉天府附郭，曰海城，周秦属朝鲜，本古南沃沮国。汉初属玄菟郡，后改属乐浪都尉。东汉置都尉，仍封沃沮为侯国。魏属平州。晋属高丽。隋属高丽，为沙卑城。唐李勣平高丽，改置盖州以统之。渤海大氏以为南京南海府。辽海州南海军，隶东京。金澄州，隶东京。元属辽阳路。明洪武九年置海州卫。大清顺治元年裁卫，十年置海城县，属奉天府。曰盖平，周属朝鲜，本辰韩地。秦燕人卫满所据。汉属玄菟郡。魏属平州。晋属高丽。隋盖牟县。唐盖州，属安东都护。渤海大氏改为辰州。辽辰州奉国军，隶东京。金盖州奉国军，隶东京。元初置盖州路，后并入辽阳路。明洪武九年置盖州卫。大清顺治元年裁卫，康熙四年置盖平县属奉天府。曰开原，周秦肃慎氏地。汉晋隋属扶余国。唐渤海扶余府。辽属龙州黄龙府，隶东京。金属隆州利涉军，隶上京会宁府。元初设开原南京二万户府，治黄龙府，至元二十三年改开原路。明洪武十一年建辽海卫，二十二年建三万卫，永乐七年建安乐州。大清顺治元年裁卫，康熙四年置开原县，属奉天府。曰铁岭，周秦肃慎氏地。汉晋挹娄地。隋越喜国地。唐渤海，改为富州，属怀远府。辽银州富国军。金新兴县，隶咸平府。元省县，隶如故。明洪武二十一年建铁岭卫。大清顺治元年裁卫，康熙四年置铁岭县，属奉天府。曰锦州，锦州府附郭。曰广宁。周初朝鲜界，后属燕。秦属辽西郡。汉东南为无虑、望平二县地，属辽东郡。西北絫县地，属辽西郡。东汉属乌桓。晋属平州。隋属高丽。唐置巫闾守尉都护府。辽东南为显州奉先军，属东京；西北为宜州崇义军，属中京。金置广宁府，又义州崇义军。元置广宁府路，义州因之，属大宁路。明洪武二十五年封建辽王，置广宁护卫。二十六年改为广宁卫，又置广宁前屯卫、广宁右屯卫；二十七年又置广宁中护卫；二十八年置广宁左右护卫。永乐中徙封辽王于湖广，改中护卫为广宁中卫，左护卫为广宁左卫，右护卫为广宁右卫。大清顺治元年悉裁卫所，康熙三年置广宁县，属锦州府。城一，曰凤凰。周秦朝鲜界，本涔地。汉属玄菟郡。晋隶平州。隋属高丽庆州地。唐平高丽，属安东都护，后渤海据为东京龙原府。辽开州镇国军，属东京。金石城县地，属东京。元属东宁路。明初为凤凰城堡，嘉靖三十七年，因巡按李辅条议，移置定辽右卫。大清顺治元年裁卫，仍称凤凰城，康熙二十年驻满兵一千名，属兴京。以上皆入版图。宁古塔将军所属：东至海，东南至希喀塔山海界，东北至飞牙喀海界，西至威远堡盛京界，南至土门江朝鲜界，北至发㘇哈边。爱浑将军所属：东至海，西至尼布楚阿罗斯界，南至宁古塔界，北至海。以上不设郡县，无版图，羁縻之国居多焉。

　　明时，辽镇建敌台一千三百三十三座，东路马根单等七堡，四十九座；西长勇等七堡，八十二座；宽佃子等十四堡，七十四座；开原十一堡，一百二十八座；中固三城堡，十九座；铁岭等六城堡，三十五座；汛河等三城堡，一十六座；懿路三城堡，二十一座；沈阳六城堡，三十九座；静边等五堡，六十一座；镇武等五堡，五十九座；正安等八城堡，七十九座；义州等十二城堡，一百二十座；锦州等十一城堡，九十七座；宁远等二十一城堡，一百五十五座；前屯等二十九城堡，一百一十六座；广宁右屯等四城堡，十一座；金州等二十五城堡，九十五座；复州等六城堡，二十九座；盖州等二十七城堡，八座；海州等四城堡，四十四座。路台二百二十八座，辽阳等十二城堡，二十四座；开原等十一城堡，七座；中固等三城堡，四座；铁岭等六城堡，七座；汛河等三城堡，八座；懿路等三城堡，十座；沈阳等六城堡，七座；静远等六城堡，五座；镇武等五城堡，二十七座；义州等十二城堡，八座；锦州等十一城堡，一十七座；宁远等二十一城堡，三十二座；前屯等二十九城堡，三十六座；右屯等四城堡，二十四座；海州等四城堡，一十二座。当初建时，量地冲缓，缓者五里一台，冲者二三里一台。而所谓路台者，高三丈五尺，周围四十丈，体圆，以大砖为之。上置铺楼垛口，每台设守军五名，专纳行旅居民之遇敌者也。今自山海关至宁远州，依然星罗棋布，完好若新。自宁远州至奉天府，或五里一台，或十余里一台。明启、祯朝，为大清所毁。自奉天至威远堡柳条边，则数十里一台，而又残毁过半。土人云：天聪间，增城奉天，取材于此故也。

山海关，唐太宗时筑城五，所谓五花城是也。元时为迁民镇。明洪武十四年，大将军徐公达建山海关城堡一座，周九里，高三丈五尺。又建山海卫，领所八，设指挥十三员，千户十九员，百户二十三员，镇抚二员，经历一员。宣德九年置守关兵部分司，设主事一员。嘉靖四年设巡关御史一员，隆庆二年裁革。二年建山海关营，属蓟镇，设参将一员，领中军一员，千把总五员，额兵一千四百一名，尖哨三十名，夜不收三十名，额马骡二百匹。头关外即属辽镇，设二十五卫。曰定辽中卫，曰定辽左卫，曰定辽前卫，曰定辽后卫，曰东宁卫，曰定辽右卫，曰海州卫，曰盖州卫，曰复州卫，曰金州卫，曰广宁卫，曰广宁左卫，曰广宁右卫，曰广宁中卫，曰义州卫，曰广宁左屯卫，曰广宁右屯卫，曰广宁中屯卫，曰广宁前屯卫，曰广宁后屯卫，曰宁远卫，曰沈阳中卫，曰铁岭卫，曰三万卫，曰辽海卫，分屯重兵，明初设兵一十九万二百余名。万历初，存操兵八万六千六百，后东事亟，聚松杏间者遂至十三万有奇。辽阳大凌河失后，尚十一万一千一百余名。则此关固东北一咽喉也，额曰天下第一关，有自来矣。今则设和敦大一员，佐领八员，中骁骑八员，兵三百六十四名，移永平府通判一员，讥过客、搜参貂而已。明制参、貂、材木、鱼鲜之类，皆有禁条。凡出关者，旗人须本旗固山额真送牌子，至兵部起满文票；汉人则呈请兵部，或随便印官衙门起汉文票。至关旗人赴和敦大北衙记档验放，汉人赴通判南衙记档验放。或有汉人附满洲起票者，冒苦独力等辈，至北衙亦放行矣。进关者，如出时记有档案，搜检参貂之后，查销放进。否则，汉人赴附关衙门起票，从南衙验进，旗人赴北衙记档即进。盖自外入关，旗人便于他时，销档而出，不必更起部票也。至于人参，惟朝廷及王公岁额得入，余皆不得入，入者死。是以参票不敢公行，向赂守者，或夜逾城入，或昼压草车、粮车诈入。康熙己巳、庚午间，天子屡责守关吏，或死或徙，赂不行，乃从他口入，亦泛海自天津、登州来者矣。而关口之搜检愈严，虽裈中不免。貂禁稍宽，然恐其携一等貂来，贡貂分三等。过必查阅，少而丑则已，多且佳必解部，拔一等者送内务府，余则官卖，价给主。

长城东尽处曰大龙头，西尽处曰大龙尾，皆有石碑，刻大字嵌城上。大龙头土人呼为老龙头，上有望海楼，或有游宴其中者。楼前有石碑，大书"一勺之多"四字。

山海关外三里曰凄惶岭，又曰欢喜岭。盖东行者至此凄惶，而西还者至此则欢喜也。又五里曰毛家山，南即望夫石，贞女祠在其上。余骤马观之，像一妇木龛中作凄恻状，乃所谓许氏孟姜者也。有联云："秦王安在哉，万里长城筑怨；姜女未亡也，千秋片石铭贞。"祠南里许为姜女坟，或曰坟在海中不可即。

松山、杏山城，皆大清踏毁。杏山城外有古壕三道，仝行老满洲曰："此我辈围城时所掘也。"按明崇祯十四年，即崇德六年，锦州、松、杏，皆被掘壕围困。锦州困最久，松山七月，杏山两月。今他处无迹，而杏山独存何耶？

十三山，在锦县境内，医巫闾山南，去大凌河三十里，直十三站，辽显州地也。《辽史》世宗置显州以奉显陵。显陵者，东丹人皇之墓也。人皇王性好读书，不喜射猎，购书数万卷，置医亚闾山绝顶，筑堂曰望海。

州在山东南。山不高大，而峰十有三，锋棱若削，离立如人，《扈从东巡日录》所谓若研山者也。上有潭，下有洞可避兵。金太常蔡珪诗云："闾山尽处十三山，溪曲人家画幅间。"高供奉士奇康熙壬戌四月壬寅扈从过此，犹见山下人家，但无溪水，今则并无人迹矣。

古咸州，应在开原站、威远堡之间。按《松漠纪闻》，咸州至沈州二百十里，今自奉天记里至开原站，得二百五里，虽古今道里未能尽合，然大要不甚相远也。

黄龙府，《盛京志》作开原县。按《金史·地理志》：天眷三年改黄龙府为济州，而《娄室墓碑》载，室"葬于济州之东南奥吉里"。今其墓在船厂西二百里之薄屯山，则当日黄龙府治应在今石头河、双阳河之间。又《松漠纪闻》黄龙府南百余里曰宾州，州近混同江，其说亦合。若开原，则去混同江六百余里，金太祖安能一渡江即据有之耶？

也合老城，在驿路旁，新城亦可望见，俱无人迹。余同行镶白旗摆牙喇常明，新城贝勒后也，谓余曰："我国因兄弟不睦，各据一城，自相残杀，又政由妇女，以致灭亡。"常明之父白二格，年八十余，少时为太宗臂鹰。今以罪流宁古塔，犹能言旧日事，惜老病，又不通汉语，不能详问之也。或曰前大学士明公珠，老城贝勒后云。

船厂即小吴喇，南临混同江，东西北三面旧有木城。北二百八十九步，东西各二百五十步。东西北各一门。城外凿池，池外筑土墙，周七里一百八十步，东西门各一，北门二。康熙十二年建造。今皆圮。惟东西北三木楼在耳。康熙十五年春，移宁古塔将军镇之。中土流人千余家，西关百货凑集，旗亭戏馆无一不有，亦边外一都会也。

船厂设于顺治十八年，昂邦章京萨儿吴代造船于此。所以征俄罗斯也。而鄞县万季野以为即明永乐间船厂。永乐间发匠卒数千造船，将以开边。未几成祖崩，仁祖即位，罢师。宣德时又造。宣宗崩，乃终罢。余初未以为然。既而至宁古塔，闻前省中陈敬尹曰："吾初至小吴喇，尚无造船之命，而穿井辄得败船板及锈铁钉，又井水或铁臭。"季野之言乃信。

吴喇国旧城，人号大吴喇，以今之船厂亦名吴喇故也。周十五里，四门，内有小城，周二里，东西各一门，中有土台。城临江，江边有庵曰保宁。

长白山土名歌尔民商坚阿邻，《山海经》作不咸山。《魏书》及《北史》皆曰徒太山，《唐书》作太白山，或又作白山。在乌喇南千三百余里，高二百里，横亘五之，无树木，惟生丛草，草多白花，山半有石台，可四望。山顶积雪皑皑。五峰环峙，南一峰稍下如门。中有潭，周二十五里。《大明一统志》云：周八十里。《盛京志》云：四十里。吴汉槎《长白山》自注云：形如豕肾，纵余五里，横八里。峰顶至潭二百五十丈。康熙十六年丁巳，宁古塔副都统萨不苏奉旨丈量得此数。潭水南流入海者三，曰土门江，曰鸭绿江，曰佟家江。北流者五，曰赛因讷因河，曰额黑讷因河，曰昂邦土拉库河、曰粮木粮库河，曰阿脊革土拉库河，而总汇于混同江。康熙三十年辛未，刑部尚书图纳奉旨往绘全图。金大定十二年即山北建庙，册为兴国灵应王。明昌四年册为开天弘圣帝。今康熙十六年遣官确勘。内大臣觉罗武木讷等谨题。为遵旨看验长白山事，康熙十六年四月十五日，内大臣觉罗武木讷、一等侍卫兼亲随侍卫首领臣费耀色、一等侍卫臣塞护札、三等侍卫臣索□，奉上谕：长白山系本朝祖宗发祥之地，今乃无确知之人，尔等四人，前赴镇守兀喇地方将军处，选取识路之人，往看明白，以便酌量行礼。臣等钦遵上谕，于五月初五日起行，本月十四日至盛京，十六日由盛京起行，本月二十三日至兀喇地方，转宣上谕于将军等。随查兀喇、宁古塔，及兀喇猎户所居村庄等处，俱无确知长白山之人。佥云：曾远望见。惟都统尼雅汉之宗族戴穆布鲁，原系采猎之人，今已老退闲居，称"我辈原在额赫讷阴地方居住。我虽不曾跻长白山之颠，曾闻我父云：'如往猎于长白山脚，获鹿肩负以归，途中三宿，第四日可至家。'以此度之，长白山离额赫讷阴地方不甚遥远，我不知其他"等语。因访问虽不曾至长白山，如赴额赫讷阴地方，水路几日可至，陆路几日可至，亦有知额赫讷阴地方陆路之人否，据管猎户噶喇大额黑等口称，如乘马由陆路前赴额赫讷阴地方，十日可至；如乘小舟，由水路而往，途中全无阻滞，二十日可至。倘遇水涨阻滞，难计日期。有猎户喀喇者，知赴额赫讷阴地方陆路等语。臣等随议，每人携三月粮而往，又思或三月粮尽，或马匹倒毙，不能归家亦不可定。随语镇守宁古塔将军巴海，可载一船米于额赫讷阴地方预备，倘我辈米尽，以便于彼处取用。巴海云：大船不能过松阿里河大险处，当即载米十七小船至额赫讷阴地方预备，臣等即拟于六月初二日起行。又思由水路而往，倘遇水涨阻滞，稽迟时日，不能即至。因与噶喇大额赫约，我辈乘此马匹肥壮，速由陆路往看。俟看过长白山回时，再由水路逆流而上，前赴额赫讷阴地方。约定，臣等带领固山大萨布素于六月初二日起行，经过文德痕河、阿虎山、库勒讷林、初尔萨河、濠沱河、沙布尔堪河、纳丹佛勒地方、辉发江、法河、木敦林、巴克塔河、纳尔浑河、敦敦山、卓龙窝河等处。及至讷阴地方江干，不意噶喇大额赫乘小舟而行半月程途，七日齐至。因语固山大萨布素："我辈乘小舟，由江中逆流前赴额赫讷阴地方，汝带领官兵马匹，由瓦努河逆流而上，由佛多和河顺流而下，前来额黑讷阴相会。"约定：遣发去后，臣等于十一日至额黑讷阴地方。固山大萨布素等，初十日已至。因前至无路，一望林木，

柳边纪略

臣等与固山大萨布素商议，令萨布素、闲散章京喀达与识路径之喀喇，带领每旗甲士二名前行，伐木开路，并如望见长白山，可将行几日方得望见有几许路程，相度明确来报。我辈住二日，亦即起行矣，随于十二日遣发前往去后，本日据固山大萨布素差人顾素前来报称，我等别大人们行三十里至一山顶上，望见长白山不甚遥远，似止有一百七八十里等语。又续差艾喀来报称：先差人来后，又至一高山顶上，望见长白山甚明，约有百余里，山上见有片片白光等语。臣等趁未有雨水之时，急往看验长白山。因留噶喇大额黑督捕珠蚌，于十三日起行。十四日与固山大萨布素等会于树林中，揣摩开路前进。十六日黎明闻鹤鸣六七声，十七日云雾迷漫，不见山在何处。因向鹤鸣处寻路而行，适遇路蹊，由此前进直至长白山脚下，见一处周围林密，中央平地而圆，有草无木，前面有水，其林离驻扎处半里方尽。自林尽处有白桦木，宛如栽植。香木丛生，黄花灿烂。臣等随移于彼处驻扎。步出林外，远望云雾迷山，毫无所见。臣等近前跪诵纶音，礼拜甫毕，云雾开散，长白山历历分明，臣等不胜骇异。又正值一路可以跻攀。中间有平坦胜地，如筑成台基。遥望山形长阔，近观地势颇圆，所见片片白光，皆冰雪也。山高约有百里，山顶有池。五峰围绕，临水而立，碧水澄清，波纹荡漾，殊为可观。池畔无草木。臣等所立山峰，去池水约有五十余丈。池周围宽阔，约有三四十里。池北岸有立熊，望之甚小。其绕池诸峰，势若倾颓，颇骇瞻视。正南一峰，较诸峰稍低，宛然如门，池水不流。山间处处有水，由左流者则为扣阿里兀喇河，右流者则为大讷阴河、小讷阴河。远山皆平林，远望诸山皆低。相视毕，礼拜下山之际，岸头有鹿一群，他鹿皆奔，独有七鹿如人推状，自山岸陆续滚到山下闲散章京毕杨武里等驻立之处，臣等不胜骇异。因思正在乏食，此殆山灵赐与钦差大臣者，随望山叩谢，收其

七鹿。臣等上山之时，原有七人也。自得鹿之处，退至二十三步，回首
瞻望，又忽然云雾迷山。臣等因清净胜地，不宜久留，于十八日言旋。
回见先望见长白山之处，因云雾朦胧，遂不得复见山光矣。二十一日回
至二讷阴河合流之处，二十五日回至恰库河，此河乃讷阴东流会合之所。
二十八日正行之际，适遇颁到敕旨，臣等不胜欢忭，捧读敕旨，感激靡
尽，当即叩头谢恩讫。二十九日因马疲不堪驰驱，自恰库河水路乘小舟
而归，经过色克腾险处，图白黑险处、噶尔汉险处、噶大浑险处、萨满
险处、萨克锡险处、德克锡险处、松阿里大险处、多浑险处。乘一叶小舟，
历此大江九险，得以无恙而渡者，皆仰赖皇上洪福之所致也。七月初二
日回至兀喇地方，又往看宁古塔等处地方，于本月十二日至宁古塔遍看
会宁府等处地方毕，于七月十七日自宁古塔起行，八月二十一日抵京师。
十八年己未遣官致祭，照明初封五岳例，前代封岳皆称帝，明太祖以己
起自布衣，不敢妄加封号，因改称某山之神。册为长白山之神。初于宁
古塔西南九里温德恒山致祭，今改于船厂城外。春秋仲月初旬，宁古塔
将军主祭，盛京礼部遣官读祝文赞礼。按《会典》陈设帛一，炷香一，
酒三爵，牛一，羊一，豕一，登一，笾豆各十，簠簋各二。

　　冷山，宋洪忠宣公皓所居也。余于必儿汉必拉北望，相去约数十里，
见其积素凝寒，高出众山之上，土人呼为白山，以其无冬夏皆雪也。《宋
史·忠宣本传》：冷山地苦寒，四月草生，八月已雪。穴居百家，陈王
悟室聚落也。《松漠纪闻》："冷山去燕山三千里，去金所都二百余里，
本传云中至冷山行六十日，距金主所都仅百里。去宁江州百七十里。"《扈
从东巡日录》：曷木逊逻即俄莫贺索落站，东北二百余里为冷山。余虽
未至其下，然以古今道里合之，其为冷山也无疑。

　　尚阳堡，在开原县东四十里，安置罪人，始于天聪七年八月，按《实

录》，黑图阿获明盗参人，以其余党发尚阳堡，后以为例。自顺治末改发宁古塔。康熙初又增船厂、黑龙江、席北、白登讷。即有仍照旧例发尚阳堡者，亦止居于奉天府城，而尚阳堡为墟矣。

宁古塔，周曰肃慎氏，汉曰挹娄，六朝属勿吉，在白山、拂涅二部之间。按《太平寰宇记》及《北史》，勿吉有七种：其一曰粟末部，与高丽接；二曰骨咄部，在粟末北；三曰安车骨部，在泊咄东北；四曰拂涅部，在泊咄东；五曰号室部，在拂涅东；六曰黑水部，在安车骨西北；七曰白山部，在粟末东南，今以古今地势考之，在白山、拂涅之间。唐初属黑水鞨鞨，后属渤海。宋曰生女真，女真本朱里真之讹；后避契丹兴宗名，改为女直。金曰鹘里改路。元曰呼里改万户府，属合兰府水达达路。按水达达所属军民万户府五：曰桃温，曰呼里改，曰斡朵怜，曰脱斡怜，曰孛苦江，分领混同江南北之民，明属奴儿干都司。宁古塔之名，不知始于何时。宁古者，汉言六。塔者，汉言个。相传有老者生六子，遂以之名其地。有指为六祖发祥之地者，非。按六祖：长曰德世库，次曰刘阐，次曰索长阿，次曰觉昌安，即景祖也，次曰包朗阿，次曰宝实。德世库居觉尔察，刘阐居阿哈河洛，索长阿居河洛噶善，景祖居祖居黑图阿喇，即今之兴京也，包朗阿居尼麻喇，宝实居章甲，近者相距五里，远者二十里，因号其人曰宁古塔贝勒，与以之名地者不同。

混同江，一名粟末江，又名速末江，又名宋瓦江，又名松花哩乌喇。松花哩者，汉言天，乌喇者，汉言河，言其大若天河也。混同江之名，改于辽圣宗四年。其源发于长白，北流绕船厂城东南，出边受诺尼江，东注。北受黑龙江，南受乌苏里江，曲折流入大东海。其在船厂东南者，阔三十丈。《魏书·勿吉传》"国有大水，阔三里余名速末水"。余去时为己巳十月二十一日，江已冰，乘车过。是日晴和，冰少融见土，余疑为江底。土人曰：江深二丈余，冰上积土，土上复冰，今所融者土上冰耳。归时为庚午二月二十一日，流澌蔽江，锋甚利，舟不肯渡。余策马从亦拉江径涉。亦拉者，汉言三也。盖尼失哈站下流两沙洲，分江水为三，故以此名。水仅没马腹，余所乘高丽马则没颈，因念金太祖乘赭白马径涉，水及马腹，平平耳，何神异之有？冬雪多则春夏融，流水大，否则小。余适当己巳冬无雪，故可径涉云。尼失哈站南山上有潭，产小鱼，鱼皆逆鳞。人不敢食。尼失哈者，汉言小鱼，盖地以物名者也。

辽河套，在开原西北旧显州城下，水甘土厚，平地不下万顷，明宣德以前，皆属边内，自毕恭立边墙后，遂置境外，嘉、隆间渐为福余卫头目所据。天命四年，太祖既擒介赛一作宰赛贝勒，喀尔喀即福余卫都督后。举部北徙，此地遂成瓯脱，惜乎不置边内，以之屯种也。

辽东金州旅顺口，距山东登、莱甚近，顺风扬帆，一日夜可达。明时运粮运货，往往由此，若永乐、宣德间，海运则自旅顺口径达开原城西老米湾。旧迹犹存，可得而考也。

古宁江州，应在今厄黑木站，《扈从东巡日录》指为大吴喇者非是。按《松漠纪闻》来流河去混同江百十里，而来流城即在宁江州西。《金太祖纪》，十月朔，克宁江州城，次来流城可证。今去混同江东百十里者，正厄黑木站，特不知何水为来流河故迹。若大吴喇，则在混同江边，何百十里之相去耶？

边外多山。戴沙土者曰岭，如欢喜岭、盘头岭之类。戴石者曰拉，亦作砬，如拉伐、必儿汉必拉之类。平地有树木者曰林，如恶林、王家林之类。山间多树木者曰窝稽，亦曰阿机，《盛京志》作窝集，《实录》作兀集，《秋笳集》作乌稽，如那木窝稽、色出窝稽、朔尔贺绰窝稽之类。瀑布曰发库。平地曰甸子，亦作佃子，如宽甸子、张其哈喇佃子之类。坡坨曰阿懒。山之锐者曰哈达，达读作平声。如山阴哈达之类。

席百，一作西北，又作席北，在船厂边外西南五百余里。土著自言与满洲同祖，而役属于蒙古蒙古之名始于元，《唐书》作蒙兀部，宋作冒骨子，《契丹事迹》作朦骨国之科尔沁。一作好儿趁，与察哈尔虎墩兔同祖，住牧东北边外，去建州最近。明万历二十一年癸丑九月，其长瓮阿代贝勒、莽古思贝勒、明安贝勒，同叶赫等八国之师犯兴京，败归后，明安贝勒以女进太祖，莽古思贝勒以女进太宗，遂为外藩四十九旗之长。凡自船厂往墨儿根、爱浑、黑龙江者由此。按天聪八年十一月，霸奇兰等征黑龙江，命由科尔沁国舅吴克善莽古思贝勒之子，所属之席北绰尔门地方经过，则为东北冲途也久矣。特以地属外藩，公行劫夺而莫能禁，行旅每视为畏途耳。

黑龙江即萨哈连兀喇，源出塞北，爱浑一作艾虎城，在船厂东北。后魏时曰黑水部，属勿吉。唐曰黑水靺鞨，置黑水府。唐开元十六年，以其部落都督赐姓名曰李献诚，授云麾将军，兼黑水经略使。金曰合懒路。元曰合兰府水达达路。合兰府设军民万户府五，曰桃温，曰胡里改，曰斡朵怜，曰脱斡怜，曰孛苦江，分领混同江南北之民。钱粮户数共二万九百六。明曰黑龙江忽黑平寨。大清天命元年八月，太祖命达尔汉顺科落巴图鲁征之，江水每九月始冰，时流澌忽合若浮梁，遂济，取屯寨十一。后朝贡为羁縻国。康熙十三年始筑城，二十二年设将军一员，梅勒章京三员，满洲一、水手一、索伦一，满洲披甲千人，索伦披甲千人，所谓黑龙江新披甲是也。凡强盗窃盗免死者，多给为奴。大船四十，花船七十，桨船十七，而以船厂、宁古塔流人为水手帮儿，各八百二十四人。二十九年"将军统其半"驻墨儿根以卫索伦。索伦者，属国也。按《实录》：天聪八年五月，黑龙江索伦头目巴尔达齐来朝，贡貂皮。十月，巴尔达齐又率京古齐哈拜、孔恰泰吴都、汉内赫撒特、白部哈尔塔等，朝贡。其未附屯寨，则于崇德四年十一月遣曹海等，六年七月遣席特库等，会蒙古敖汉、奈曼、吴喇忒、四子诸部调度征之，乃为属国。产美貂，号索伦皮。与西北阿罗斯为邻。阿罗斯一作俄洛斯，即罗刹。边外呼为老枪。为人深目碧瞳，隆准、黄虬，髯长，身多力而好睡。睡辄不即觉。长于步战，善鸟枪，不畏弓矢。矢著身，徐徐拔之，相视笑。自言自开辟至今皇帝之丁卯，共七千九百十有四年。其族卑幼见尊长，去帽俯首，先指左右肩，次指左右膝，或曰先指额，次腹，次右肩，次左肩，西洋所谓反十字也。最奉佛，见必俯伏而哭，或曰非佛也，奉者天主。俯伏而哭者，天主教也。其居室正方，上下四旁皆板。其器精巧类西洋。其帽青顶，缝貂于内，外缀珠宝、珊瑚，或用猩猩毡缝貂。其服方领，小袍长褂。贱者著采罗尼，贵者貂银鼠，集锦蒙其表，缀珠宝珊瑚、金刚钻于边，而绝少绸缎。其钱银质无肉，好大若瓜子，率重一分，阴作交戟或人马形，阳则其国书也，若梵经。一钱必书数十字，不可辨。或曰文字用腊底诺话。腊底诺者，西洋诸国之官话也。其纸厚若山西毛头，大减十之三，微脆，中有暗花，若戈戟之状，色白。其菜茎若莴苣而短，叶若苔，包者白，舒者青。鱼腥臭，食之味淡。其所食多虚糕。如今之西洋糕者，而色纯白，软润经月不硬。其国都相传在正西之北高海中，水陆晓夜行十三阅月，乃至雅克萨城，而《西陲今略》以为在金山西北，七日《出塞纪略》以为汉之坚昆，唐之黠戛斯，又曰纥吃斯。王秋涧《玉堂嘉话》则以为古乌孙，即今斡落丝。余以满音叶之，此音本在乌斡孙丝之间，而无适合之字，译者不得已，以己音之相近者当之。中原译者，音随地变，以讹传讹，名称遂异，不知其国固二千年如一日也。余向见《秋笳集》作乌孙，以为非，后从塞外见其国人，状貌皆与颜师古注乌孙者合，因复疑之，今得秋涧语，始恍然矣。至于地之方位，路之远近，余不暇辨。康熙四年乙巳，阿罗斯率八十余人入索伦部，取貂皮而淫其妇女，卧未觉，宁古塔将军巴海轻骑往袭之，尽歼其军，脱者四人耳。于是筑城于雅克萨，为边患者二十余年。康熙二十八年己巳，天子命舅舅公佟国纲、内大臣索额图，往谕祸福，乃毁雅克萨城，退地五百里，以尼不楚为界，而索伦貂乃尽贡内府矣。

虎儿哈河，即镜泊下流。《盛京通志》：宁古塔城西南百里有湖，广五六里，袤七十里，土人呼为必尔腾，即镜泊也。中有三山，曰俄莫贺昂阿山、阿克善山、牛录山。阿克善、朱录两山之间，有岩曰白岩。湖之西南，虎尔哈河东流入湖之处，有崖曰呼客兔崖。湖水东注，飞瀑蹴空，奔浪雷吼，声闻数十里，土人呼为发库。金呼里改江也。阔二十丈。源出色出窝稽，绕宁古塔西南，东北折入混同江，汇黑龙、乌苏里二江入海。其水色白味甘在第二泉上，饮之益人精力，或曰参水也，故能然。

宁古塔西八十里有大石曰德林，《天东小记》作乌黑法喇，在万山中，广二十余里，袤百余里，其平若砥。色或青或黑，或绀，或若龟文，或若羊肚。又复嵌空玲珑，马蹄咚咚然，若行鼓上。而曲池横沼，志所称如井如池，如盆盂者。《盛京志》：孔洞大小，不可数计，或圆或方或六隅、八隅，如井如盆如池，或口如盂而中如洞，深或丈许，或数尺，中有泉，或生鱼或生草木。莫不冻鱼鳖焉。

宁古塔城，旧在觉罗城北五十二里，康熙五年移于觉罗城西南去觉罗城八里。今梅勒章京所居者，新城也。新城建，旧城遂废，人呼之为旧街上。

宁古塔四面皆山，虎儿哈河绕其前。木城周二里半，东西南各一门，外为土城。土城本周十里，四面有门，今皆圮，惟临河西南面壁立耳。

公衙门及梅勒章京居在木城内，余官兵及民皆散住东西南土城内，合计不过四三百家。屋皆东南向，立破木为墙。《金志》：以木为墙壁。覆以莎草，厚二尺许，草根当檐际，若斩绚大索牵其上，更压以木，蔽风雨，出瓦上。开户多东南。《金志》：独开东南一扉。土炕高尺五寸，周南西北三面，空其东，就南北炕头作灶。上下男女各据炕一面。《金志》：穿土为床，蒸火其下，而寝食起居其上。夜卧南为尊，西次之，北为卑。晓起则叠被褥，置一隅，覆以毡或青布。客至，共坐其中，不相避。西南窗皆如炕大，糊高丽纸，寒闭暑开。两厢为碾房，为仓房，满语曰哈势。为楼房，用贮食物。四面立木若城，名曰障子。而以栅为门,《金志》：联木为栅。或编桦枝，或以横木。庐舍规模，无贵贱皆然，惟有力者，大而整耳。

自混同江至宁古塔，窝稽凡二，曰那木窝稽，一作诺木阿机；又作纳木阿机。明初置纳木河卫，万历三十八年庚戌十一月大清命额宜都取之。曰色出窝稽，一作色赤阿机。《盛京志》作色齐窝集。那木窝稽四十里，色出窝稽六十里，各有岭界其中。万木参天，排比联络间不容尺。近有好事者，伐山通道，乃漏天一线，而树根盘错，乱石坑砑，秋冬则冰雪凝结，不受马蹄。春夏高处泥淖数尺，低处汇为波涛，或数日，或数十日不得达。蚊虻白戟之类，攒啮人马，马畏之不前，有死者。乃焚青草，聚烟以驱之。夜据木石，燎火自卫。山魈野鬼啸呼，堕人心胆。馁则咽干粮，或射禽兽，烧而食之。粮尽又无所得，久之水不涧则死矣。凡入窝稽者，必挂一物于树，言笑不敢苟，若斋然，否则多蹭蹬，或曰山神为祟云。《扈从东巡日录》云：乌稽"中皆乔松及桦柞树，间有榆椴，鳞接虬蟠，缨山带涧，蒙密纷斜，白昼晻晻霜旦叶涧，略见曦月，树根乱石，碌砱错落，疑无道路"。供奉得之传闻，记载虽不甚详，然其大概略可想见矣。

自山海关至十三站，连冈复岭，无径寸之木。自十三站至奉天，平壤为多。自奉天至柳条边，山野相错，或断或续。自柳条边至混同江，冈岭似十三站西，而草木则随地皆有。自混同江东尼失哈站，至必儿汉必拉，半属窝稽，崎岖阴惨，不类人间。至沙阑则又别有天地，而宁古塔尤佳。惜四山树木，为居人所伐，郁葱佳气不似昔年耳。

宁古塔西南六十里沙阑，南有旧城址，《天东小记》作火茸城。大与今京城等。内紫禁城，石砌女墙，下犹完好。内外街道隐然，瓦砾遍地，多金碧色，土人呼为东京。而中原之流寓者，皆指为金之上京，是以《盛京志》作金上京会宁府。按《金史》上京路，即海古之地，金之旧土也。天眷元年号上京海陵，贞祐二年迁都于燕，削上京之号，止称会宁府。大宁十三年七月复为上京，其山有长白、青岭、马纪岭、完都鲁；水有按出虎水、混同江、来流河、宋瓦江、鸭子河；其宫室有乾元殿、庆元宫、宸居殿、景晖门、敷德殿、延光门、宵衣殿，稽古殿、明德宫、凉殿、延福门、五云楼、重明殿、东华殿、天门殿、混同江行宫、春亭、天元殿、世德殿、永祚宫、光兴宫、云锦亭、临漪亭。余按史志，辽金东京在今辽阳州，土人之言固非，而《盛京志》亦未可尽信，尝考《金史·地理志》：上京东至胡里改六百三十里，西至肇州五百五十里，北至蒲与路七百里，东南至恤品路一千六百里，至曷懒路一千八百里。又洪忠宣路程：上京三十里至会宁头铺，四十五里至第二铺，三十五里至阿萨铺，四十里至来流河，四十里至报打孛堇铺，七十里至宾州，按《金史》宾州本渤海城，在鸭子、混同二水之间。渡混同江，则是金之上京，确在今宁古塔之西，混同江之东，其去混同江仅二百六十里耳。以今之道里度之，应在色出窝稽左右。而色出窝稽岭上土城址尚在，今人指为金时关门者，安知非是？然则沙阑之金碧犹存者，其殆熙宗天眷以后之北京欤？

威伊克阿林，极东北大山也。上无树木，惟生青苔，厚常三四尺，康熙庚午与阿罗斯国分界，天子命镶蓝旗固山额真巴海等分三道往视，一从亨乌喇入，一从格林必拉入，一从北海绕入，所见皆同，时方六月，大东海尚冻。遂立碑于山上，碑刻满洲、阿罗斯、喀尔喀文。

沙阑城内存石塔一，石观音一。康熙初，观音首脱，鼻端微损，新乡张司空坦公名缙彦，琢而小之，今高九尺，而石座又三尺余。己巳六月，宁古塔蓝旗固山大巴黑塔阿妈病且死，梦石观音至其家，遗命长子吴达哈为屋以盖之。吴达哈出五十金，属西关吉林下观音庙僧净金董其事。净金又募得数十金。冬十二月，入窝稽伐木，庚午二月初六日破土，此余所目击者也。又往时存一紫石碑，康熙初，大兴刘侍御命人往观，其人椎而碎之，取一角还，仅十三字，作四行。首行曰"深契"，次曰"圣"，次曰"儒生盛于东观"，次曰"下瞰阙庭"。书类率更令，盖国学碑也。又土人云：城内虽无居人，远望之犹有王气。城北十余里有两石桥，桥九洞，今石虽圮，柱尚在。又将军安珠瑚使人浚井，得朱漆井亭木方尺，颜色甚鲜。

五国城，就徽、钦之死断之，似一城而五国其名者。考《辽史·营卫志》，五国俱有国名，曰剖阿里国，曰盆奴里国，曰奥里米国，曰越里笃国，曰越里吉国，则非聚居一城也明矣。至其地或以为在三万卫北一千里，自此而东分为五国，载《大明一统志》。或以为在羌突里噶尚，吴汉槎曰：自宁古塔东行六百里，名羌突里噶尚，松花、黑龙二江，于此合流，有土城焉，疑即是。或以为在朝鲜北境，《扈从东巡日录》：朝鲜北境近宁古塔者，有安置徽、钦故城，在山顶之上。或以为去燕京三千八百余里，西上黄龙府二千一百里，《南烬纪闻》言二帝初迁安肃军，又迁云州，又迁西沪州，又迁五国城。其地去燕京三千八百余里，西上黄龙府二千一百里。余按《金史》，徽、钦以金太宗天会六年七月乙巳赴上京，十月徙韩州，七年七月丁卯徙鹘里改路，地名皆不相合，此书之伪无疑。或以为宁古塔相近抢头街有旧城址五，疑即是。其说纷纷不一，而余以为徽、钦自徙鹘里改路之后，未闻再徙，则五国城自在鹘里改路境内。而鹘里改者，即虎儿哈、胡里改之变书也，抢头街之说，庶几近之。

黑龙江，《元史》作合兰河，发源塞北，南流而东。混同江发源长白山，北流而东，虽入海处合而为一，而其源则相去甚远。《金史·世纪》称混同江亦号黑龙，大误。又两江之水，手掬之皆白色，惟远望略如柳汁耳。《金志》及《松漠纪闻》称掬之则色微黑，皆不可信。

柳边纪略卷之二

自京师至宁古塔，凡二千八百七十八里，京师四十里至通州，二十里至燕郊，二十里至夏店，三十里至三河县，县近七渡、鲍邱、临洵三水，故名。三十里至帮均，二十里至段家岭，三十里至别山，二十里至枯树，三十里至玉田县，古无终国，水中白沙可治玉。四十里至沙流河，四十里至丰润县，二十里至板桥，三十里至榛子镇，《松漠纪闻》作榛子店。三十里至新店堡，二十里至沙河，二十里至野鸡坨，十五里至安和店，店东北十余里有首阳山，山麓有孤竹城、伯夷叔齐庙，庙有清风楼，土人呼为洞山。二十五里至永平府，古孤竹国，秦汉为右北平，《松漠纪闻》作平州。三十五里，《松漠纪闻》作四十里，至双望，二十里至庐峰口，十五里至抚宁县，二十里至榆关，或作渝关，又曰临渝，以渝水名。《松漠纪闻》：旧榆关至双望店七十里。二十里至深河，三十里至范家店，三十里至山海关，三里至欢喜岭，五里至八里铺，明崇祯初，经略王在晋请城八里铺以卫山海关，旋罢。五年又以山西巡抚杨嗣昌言，设兵五十名。十二里至老军屯，三十里至高粱站，十八里至前卫，十五里至凉水河，十里至叶家坟，三十里至中后所，明崇祯五年设游击一员，统兵一千二百名。十八里至东光站，十二里至望海店，三十里至七里坡，十二里至曹庄，十里至宁远州，明初置宁远卫，领所七，设指挥二十四员，千户二十五员，百户五十七员，镇抚七员，经历一员，教授、训导各一员。嘉靖二十六年设参将一员，领中军一员，把总九员，主兵三千八百八十八名，客兵家丁二十三名，独轮战车一百辆，马三千三百六十八匹，骡五十头。四十二年设宁前兵备道一员。今悉裁去，惟设知州、吏目、学正、训导各一员。十八里至双树铺，天聪二年五月，太宗攻宁远不克，回兵驻此。十二里至连山，十八里至塔山，明时宁远卫中左所千户驻此。十二里至高桥，十八里至杏山，明末设游击一员，统兵一千二百名。十八里至松山，明初广宁中屯卫中左所千户驻此，崇祯间设游击一员，统兵一千二百名。十八里至小凌河，十里至双阳店，二十里至大凌河，明初广宁左屯卫中左所千户驻此，自辽阳失后，遂为要地，总兵祖大寿等统重兵于此拒守。三十里至十三站，即十三山。胡峤《陷虏记》云：西南去幽州二千里。四十里至闾阳驿，辽乾州广德军奉陵县，金闾阳县。二十里至壮振堡，十里至兴隆店，十五里至二台子，十里至顾家子，三十里至中安堡，十八里至羊肠河，按《三镇边务要》，羊肠河在镇远等堡边外，系朵颜卫任牧之所，今为内地。十五里至小黑山，二十里至胡家窝，三十里至二道井，二十里至一半拉门，三十里至白旗堡，康熙二十一年三月朔己酉，天子驻跸于此，凿百井以供行营。三十里至刘河沟，十里至黄旗堡，八里至小黄旗堡，二十二里至巨流河，即辽河，一名枸柳河，又作句骊河，源出靺鞨北诸山，清初筑小城于河上，名曰开城。十五里至顾家子，二十五里至老边，三十里至大石桥，一名永安桥。三十里至奉天府，《松漠纪闻》作沈州。明洪武二十年建沈阳中卫，领所五，设指挥使三十二员，千户二十一员，百户五十七员，镇抚、经历各一员，教授、训导各一员。嘉靖二十年设游击一员，领中军一员，千把总九员，主兵七千九百八十七名，额兵家丁四十八名，独轮战车二百辆，元戎车一辆，鼓车二辆，马五千三百八十八匹，骡五十头。今改设将军一员，梅勒章京二员，固山大八员，噶喇章京八员，牛录章京□员，代子□□员，笔帖式□员，披甲三十名，马□□匹，又设府尹一员，府丞、治中各一员，经历一员，教授、训导各一员，户礼兵刑工五侍郎各一员，郎中七员，员外郎十五员，主事六员，知县、典史各一员，教谕、训导各一员。二十里至大洼，二十里至蒲河，明时设千户所。十里至汛沟铺，二十里至懿路站，即金挹娄县。明时铁岭卫左右千户所驻此。二十里至范家屯，十里至新铺，三十里至铁岭县，明初建铁岭卫，领所七，设指挥二十八员，教授、训导各一员，镇抚二员，经历二员，千户二十六员，百户六十四员，又设备御一员，领把总二员，主兵二千三百八十一名，马五百五十八匹，独轮战车一百辆。今改为县，设知县、典史各一员，教谕、训导各一员。十里至高丽站，五里至平定堡，五里至山头铺，四十里至开原县，明初置辽海、三万二卫，领所十七，设指挥五十一员，千户三十二员，百户九十三员，镇抚六员、经历二员、教授、训导各一员，知州、吏目各一员，又设参将一员、领中军一员、千把总十四员、主兵一万五百二十名，独轮车二百辆，元戎车一辆，鼓车二辆，马二千八百二十五匹，骡五十头，又设兵备道一员。今改为县，设知县、典史各一员，教谕、训导各一员，披甲一千名。十五里至开原站，十五里至柳条边威远堡门，四十里至棉花街，五十里至也合站。《盛京志》及《太祖实录》皆作叶赫，明时北关也。五十里至火烧岭，三十里至黑而苏站，三十里至小孤山，四十里至大孤山，《扈从东巡日录》载：康熙二十一年，天子去时路程，奉天东北八十里为抚顺旧堡，为琉璃河，为札凯，为嘉祐禅，为曾家寨，为哈达河，为耿家庄柳条边，为鹞鹰坡，为庚格，为库鲁，为三丸山，为夸兰山河，为阿尔滩讷门。阿尔滩讷门者，蒙古语，汉言大孤山也，乃与驿站合。三十五里至易屯河，一作一统河，又作亦屯河，明正统间置卫。二十五里至一把旦，二十五里至石头河，三十五里至双阳河，六十里至衣儿门，一作引门河，明正统间置卫。二十里至沙犇，一作萨龙河。三十里至一拉溪，二十里至搜登，一作苏敦。二十里至水哈，三里至小水哈，五十里至船厂，十里过混同江至尼失哈站，三十里至交密峰，四十里至厄黑木站，十里至那木窝稽，三十里至山神庙，五十里至拉筏站，七十里至退屯站，一名昂邦多红。昂邦者，大。多红者，渡口也。三十里至色出窝稽，六十里至朱伦多河，五十里至俄莫贺索落站，一百四十里至必儿汉必拉站，四十里至德林，二十里至沙阑站，四十里至蓝旗沟，四十里至宁古塔。《元史·地理志》：胡理改距上都开平四千二百里，大都三千八百里。大都者，燕京也。又《明太祖实录》：洪武十五年二月，故元鲸海千户速哥帖木儿、木答哈，千户完者帖木儿、牙兰，千户早花，自女直来归，言辽阳至佛出浑之地三千四百里，自佛出浑至斡朵怜一千里，斡朵怜至讫温万户府一百八十里，讫温至佛思木隘口一百八十里，佛思木至胡里改一百九十里，胡里改至乐浪古隘口一百七十里，乐浪古隘口至乞列怜一百九十里。

山海关外奉天将军所辖二十四站：曰沙河站、东光站、宁远州、高桥站、小凌河站、十三站、广宁驿、旧肃河站、二道井站、白齐铺、巨流河、旧边站、盛京驿、石榴河、东京驿、狼子山、甜水站、连山关、通源堡、雪里站、凤凰城、高丽堡、威远堡、伊鲁站。

宁古塔将军所辖二十二站：曰叶赫站、黑尔苏阿尔滩、额木尔站、一把淡站、苏瓦盐站、伊尔门站、叟登站、尼什哈站、额黑木站、额伊虎站、坨伊屯站、鄂木合棱罗站、毕尔汉毕喇站、沙盐站、宁古塔驿、吉林城、锦州俄佛罗站、发忒哈边界、蒙滚河、孙查包、速素舍里村、白都讷村。

黑龙江将军所辖十九站：曰茂欣速素站、古鲁村站、他尔哈池站、多耐站、温托浑池站、忒墨得黑村、布克村、塔哈儿村、宁年池站、喇哈冈、帖薄儿德村、喀母尼喀俄佛罗站、乙喇喀池站、墨尔根村、科落尔河站、喀尔嗒尔儿河站、库木尔山站、额雨尔站、黑龙江。

康熙十六年丁巳，宁古塔梅勒章京萨不苏。萨不苏后为黑龙江将军。以绳量道里，两庹为丈，百八十丈为里，自宁古塔西关门始，至船厂东关门止，凡九万八千丈，为五百五十里。今分八站，作六百三十余里，然以中国之里较之，直千里之外矣。

盛京户部设满洲侍郎一员，理事官一员，堂主事一员，郎中四员，员外郎七员，主事二员，司库三员。礼部设侍郎一员，理事官一员，堂主事一员，郎中二员，员外郎四员，主事五员，助教二员，读祝官八员，赞礼郎八员，笔帖式十二员。兵部侍郎一员，理事官一员，堂主事一员，郎中二员，员外郎八员，主事三员。刑部设侍郎一员，理事官一员，堂主事一员，郎中六员，员外郎十五员，主事二员，笔帖式二十三员。工部设侍郎一员，理事官一员，堂主事一员，郎中二员，员外郎五员，主事二员，司务一员，司库一员，笔帖式十七员，乌林人七员，管匠役官一员，管理修陵汉军四品官一员，五品官一员，管理各项匠役汉军六品官一员，看守笃恭殿汉军六品官一员，分掌百工营作，山泽采捕等事。按《会典》：国初设各部承政、参政、启心郎、笔帖式等官，顺治元年裁并奉天将军管理，康熙中复设今官。

三陵，按《实录》：永陵在兴京启运山，葬肇祖、兴祖、景祖、显祖。福陵在奉天府承德县天柱山葬太祖，寿康太妃在其右。昭陵在奉天府承德县隆业山，葬太宗，懿靖大贵妃坟、淑妃坟皆在其右。各设总管一员，掌关防官一员，副理关防官一员，包衣大一员，布打衣大一员，茶衣大一员，笔帖式二员。妃坟各设看守首领一员。又设噶喇大二员，管壮丁六品官一员，专司阳石木地方供祭牛羊。

　　奉天府将军下设副都统二员，协领八员，佐领六十三员，半个佐领四员，防御三十二员，骁骑校六十三员，笔帖式十一员，放荒正尉一员，副尉二员，马兵二千六百四十名，步兵四百名，看守实胜佛兵八名。按《会典》载：每年实胜寺香烛银八十两，茶叶二百斤。牛庄设防御三员，笔帖式一员，兵八十名。盖平设防御三员，笔帖式一员，兵一百名。凤凰城设拜他喇布勒哈番三员，笔帖式一员，兵一百五十名。广宁设协领一员，佐领三员，防御三员，骁骑校三员，笔帖式二员，兵二百十四名。兴京设防御三员，笔帖式一员，兵八十名。开原设防御三员，笔帖式二员，兵一百七十二名。锦州府设城守尉一员，佐领十二员，骁骑校十二员，笔帖式二员，兵五百三十名。前锦州设防守尉一员，佐领二员，骁骑校八员，笔帖式二员，马兵一百五十名，步兵五十名，内佐领骁骑校各一员，兵一百名移驻中后所。易州设城守尉一员，伊尔希大二员，拜他喇布勒哈番一员，拖沙喇哈番一员，佐领六员，骁骑校六员，八品官一员，笔帖式二员，兵九百七十名。山海关至威远堡等八门，每门设守御一员，笔帖式一员，拨什库一名，兵十名。宁古塔、乌喇等将军下设副都统二员，按《实录》及《会典》：宁古塔驻防，自天聪十年备御吴巴海始，后掣还。顺治十年设昂邦章京，以镶蓝旗萨儿吴代为之，康熙元年改昂邦章京为将军，十五年移将军及一副都统驻船厂，留一副都统驻宁古塔。副都统本名梅勒章京，十五年改今名。协领八员，乌喇六员，宁古塔二员。佐领五十八员，乌喇四十六员，宁古塔十二员。防御二十四员，乌喇二十员，宁古塔四员，骁骑校五十八员，乌喇四十九员，宁古塔九员。管船炮水手总管一员、四品官二员、五品官二员、骁骑校四员，在乌喇。督管驿站六品官一员，助教一员，笔帖式十四员，兵三千九百二名，内防宁古塔兵三百五十名。毕勒亨边门设防御四员，兵八十名。爱浑即黑龙江将军下设副都统二员，协领八员，佐领四十员，防御十六员，骁骑校四十员，助教一员，笔帖式十一员，兵二千名。游牧地方每旗设蒙古总管一员，副管二员。

关东粮运，始于康熙二十二年。按《会典》：于开成、邓子村、易屯门及易屯口等处设仓。每岁农隙之时，运米开成仓内，春秋二季，以舟运至邓子村仓。又自邓子村陆运百里至易屯门仓，由易屯河舟运至易屯口，直达混同江，给乌喇兵粮。辽河运粮船一百只，每船载米六十石，用满兵三名，水手六名。奉天府州县月给工食，每名银一两，免其差徭。易屯河船一百只，每船载米六十石。混同江大粮船八十只，每船载米二百石。乌喇船厂船六十四只，大船七十只，其水手皆宁古塔将军分派。

宁古塔至黑龙江，设专管修理粮船汉军四品官二员，五品官二员，骁骑校二员，拨什库八名。

盛京、宁古塔、黑龙江驻防官员缺出，该将军、副都统将本处本旗应升官内拣选一员，咨送兵部及在京本旗固山额真，固山额真又将在京应升应补官内，派出数员，一同引见，然外送者恒用十之九。至兵丁亡故，老病退甲之缺，有子嗣者，准其顶补。若无子嗣，将军、副都统将伊奴仆顶补。如有承受家产之主在京，情愿取回其仆者，令其撤回，缺另酌补。

凡公务差遣官兵至京，骑本身马者，宁古塔人春冬喂养二十日，夏秋十五日；盛京人春冬十五日，夏秋十日。其自京驻防宁古塔官兵马匹，冬月在盛京歇养一月，春月歇养二十日。兵部发往空马，冬月养二十日，春月十五日。此定例也。然行旅往来，则皆喂四十日而后行。

明时辽镇边外部落，分为二种。在西北者曰三卫。按：三卫地，东接海西，西连开平，北抵黑龙江，南连蓟辽。春秋为山戎，秦为辽西郡。北境为奚、契丹所据，东汉驱其酋走松漠间。后魏之先，复居故地，号库莫奚。唐述谷浑，宋属契丹，名兀哈良。元即奚都，置大宁千户所。明初故元辽王、惠宁王、朵颜元帅府各遣使来朝，于是即古会州地置大宁都司。洪武十四年封皇子权为宁王以镇之，二十一年置三卫。成祖靖难，患宁王蹑其后；乃阴说三卫兵于宁王郊饯时，一呼皆起，遂拥宁王入松亭关。事平，徙宁王于南昌，尽割大宁以与三卫。三卫者，泰宁，其地西自广宁前屯卫边，东至广宁白云山。明洪武二十一年置卫，以故元辽王阿礼失里为指挥，塔宾帖木儿为指挥同知，岁再贡马。数年之后，即纠他部犯边，阳顺阴逆，迄无宁时。明末喀尔喀速把亥等，即其后也。福余，其地西自广宁白云山起，东至开原止。明洪武二十一年置卫，以故元惠宁王海撒男答奚为指挥同知，岁再贡马。正统间同也先入寇，不得利，反为也先所掠，后遂衰。朵颜其地自开平起，至山海关止。明洪武二十二年置卫，以朵颜元帅脱鲁忽察儿为指挥同知，岁再贡马。后乃阳顺阴逆，每导鞑靼入犯。至启、祯间，三十六家之长，哈喇慎部布颜台吉苏布地等，遂为大清外藩也。在东北者曰女真。女真种三：海西者，为海西女真；建州毛怜者，为建州女真；极东最远者，为野人女真。置都司一，曰奴儿干都司。按《实录》：永乐二年二月，忽剌温等处女真野人头目把剌答嗒、阿剌孙等四人为指挥同知，古驴等为千户所镇抚，赐诰印冠带袭衣及钞币有差。七年闰四月设奴儿干都司，以东宁卫指挥康旺为都指挥同知，与兵二百护印。千户王肇舟等为都指挥佥事，统其众。岁贡海青、貂皮等物，仍设狗站递送。六月置经历司经历一员，十二年闰九月，命辽东都司益兵三百，往护其印，二年遣还。宣德三年正月，命都指挥康旺、王肇舟、佟答剌哈，往奴儿干之地，建立奴儿干都指挥使司，并赐都司银印一，经历司铜印一。六年五月，命都指挥同知佟答剌哈之侄胜袭为都指挥佥事。八年七月佟答剌哈妻王氏来朝，贡马及方物。八月以都指挥使康旺之子康福袭为都指挥同知。闰八月以都指挥同知王肇舟老疾，命其子贵袭为都指挥佥事，食副千户禄。置卫三百八十一。合三卫即三百八十四矣。曰建州卫，按《实录》：永乐元年十一月，女直野人头目阿哈出等来朝，设建州卫。以阿哈出为指挥使，余为千百户镇抚，赐诰印冠带袭衣及钞币有差。四年十一月，木楞古野人头目佟锁鲁阿等四十人来朝，命为建州卫指挥，千百户等官，赐以冠带及钞币有差。六年三月，忽的河、法胡河、卓尔河、海剌河等处女直野人头目哈剌等来朝，遂并其地入建州卫，命哈剌等为指挥、千百户，赐冠带袭衣及钞币有差。八年八月以指挥阿哈出及其子释家奴等从征有功，赐阿哈出姓名曰李思诚，释家奴曰李显忠，百户阿剌失曰李从善，可□曰郭以诚；升李显忠为都指挥佥事，从善、以诚俱为正千户。十年十一月，辽东都指挥同知巫凯等奏：建州卫都指挥李显忠，指挥字速、赵歹都、刘不颜等，悉挈家就建州居住，岁祲乏食，上命发仓粟赈之。十五年十二月，李显忠奏：颜春地面月儿速哥愿率家属归附，居建州。从之，仍赐赉如例。十六年二月，以李显忠奏，升指挥佥事哈麻忽等为指挥同知，副千户失剌等八人为正千户，百户也儿吉纳等四人并所镇抚哈答等二人为副千户，俱赐敕褒谕，赏赉有差。十七年三月，以李显忠所举女直也住等二十七人为指挥、千百户，赐钞币有差。十八年正月，钦真河等处女直野人兀令哥等来朝，命兀令哥为副千户，木郎哈为百户。宣德元年三月，升李显忠子建州指挥李满住为指挥佥事。四年三月，李满住请入朝充侍卫，赐敕谕止之。五年四月，李满住奏请与朝鲜互市，朝鲜不纳，上复谕止之。六年正月李显忠妻康氏及指挥佥事金家奴来朝，贡马及方物。八年二月升指挥佥事不颜秃为指挥同知，正千户迭卜为指挥佥事。十一年三月，升指挥使欢赤为都指挥佥事，五月升指挥佥事木答兀为指挥同知。正统元年闰六月，李满住遣男古纳哈等来朝，贡马并送还东宁卫逃移人四十八名，上嘉之，赐采币靴帽有差。二年五月，升指挥佥事全家奴为指挥同知，副千户牙失为指挥佥事，所镇抚阿不来为副千户。三年二月，李满住率众至朝鲜必屯城相仇杀，上谕止之。六月李满住遣指挥赵歹因哈奏：旧住婆诸江，屡被朝鲜抢杀，今移住灶突山东南浑河上，上从之。后满住同董山纠福余卫靼鞑寇边，景泰中，巡抚王翱遣指挥王式等往招，满住等入谢。时诸部以也先之难，多失敕印，无职衔减晏赏，怨忿而叛。成化三年九月以武靖伯赵辅充总兵，都督王瑛等为副，左都御史李秉督兵五万，分左军出浑可柴门、越石门、土木河，至分水岭，右军由鸦鹘关、喜昌口，过凤凰城、黑松林、摩天岭，至婆诸江；中军自抚顺经薄刀山、鲇鱼岭，过五岭渡苏子河至虎城，会朝鲜兵捣巢，获指挥若女等千人，并诛满住。建州左卫，按《实录》：永乐十年置。十五年二月，建州左卫指挥猛哥帖木儿奏举，以头目卜颜帖木儿、速哥等为指挥千百户。宣德元年正月，命指挥佥事猛哥帖木儿为都督佥事，赐冠带。戊午命指挥佥事木答哈为指挥同知，正千户牢若秃为指挥佥事。八年，野人阿速江等卫，弗答哈、木答忽、木冬哥、哈当加等，纠合七姓野人，杀都督猛哥帖木儿及其子阿古等，尽取其财。猛哥帖木儿子童仓与其叔凡察，及百户高早花等五百余家，潜往朝鲜镜池地面，又欲至辽东居住，为朝鲜所留。正统二年十一月，童仓奏请敕谕，上敕朝鲜国王李祹，送童仓等家至毛怜卫，转送出境。又命猛哥帖木儿子董山袭为本卫指挥使。五年，童仓随其叔凡察逃往建州，朝鲜虑其与建州都指挥李满住同谋生衅，奏请敕谕，九月上降敕谕之。童仓等又奏开原女直马哈剌等从朝鲜国回，内一百七十余家为朝鲜所留，土人百户高早花等四十一家，被毛怜卫所留，请上敕谕。六年正月，升指挥董山为都督佥事。董山与凡察不和，六月敕辽东总兵官曹义等察之，后结福余卫鞑靼寇边。景泰中巡抚王翱遣指挥王式等往招董山入谢，以晏赏薄，怨叛，潜结朝鲜，朝鲜授董山为正宪大夫中枢密使。天顺三年，巡抚程信使自在州知州佟成廉得其制书，遣使往问，各上表贡马谢罪。成化二年，董山纠毛怜、海西入寇。遣都督武忠往谕，山亦悔，走阙下，以语言不逊，羁广宁，寻释还。三年，以武靖伯赵辅充总兵，都督王瑛、封忠为副，左都御史李秉督汉、番、京、边官军五万讨之。董山降，送京师，放归广宁诛之。六年，以董山子脱罗为指挥使。建州右卫，按《实录》：宣德七年正月，建州左卫都督佥事猛哥帖木儿，遣其弟指挥佥事凡察等，贡马及方物。三月，凡察以招抚远夷，升都指挥佥事，赐敕劳之。九年二月，凡察援都指挥裴俊斡木河，杀贼有功，升为都督佥事，仍掌卫事。四月，凡察奏去年野人阿速江等卫，木答忽、木冬哥、哈当加等，纠合七姓野人，杀其兄都督猛哥帖木儿，侄阿古等，尽取其财，请发兵问罪。上遣指挥佥事施者颜帖木儿等赍敕，令建州左卫指挥同知扎剌儿往谕木答忽等，十月复谕。凡察与猛哥帖木儿之子童仓等，潜往朝鲜镜池地面，又欲至辽东居住，为朝鲜所留。童仓奏，上敕谕朝鲜送凡察等家至毛怜卫，转送出境。正统三年正月，凡察来朝，贡马。五年九月，凡察自朝鲜逃回，同原叛士军马哈剌等四十家至苏子河，敕谕辽东总兵官曹义等，于三山河及婆诸江迤西古河两界间，令凡察同建州卫都指挥李满住居住。六年二月，朝鲜国王李裪奏，本国逃民童者音波说，凡察、李满住谋于东八站，抢劫朝鲜回国使臣，上敕禁之，且令与董山轮次来朝。又谕建州卫都指挥李满住、兀者卫都指挥使剌嗒、呕罕卫都督佥事乃胯，劝谕凡察勿复为恶。三月，凡察奏辩，上复敕谕之，察与董山不和。先是七姓野人之乱，建州左卫印失，宣德间又颁新印，令凡察掌之。既而董山复得旧印，敕命山与凡察协同署事，缴还旧印，董山不听，复命缴还新印，都指挥李加章等奏，保凡察独掌卫事。上令仍缴新印，凡察匿不肯出，乃更分建州左卫置右卫，使董山以旧印领左，凡察以新印领右。传至本朝肇祖原皇帝，都督孟特穆复七姓野人之仇，至俄朵里城西千五百里苏克苏浒河虎栏哈达山下黑图阿喇居焉。黑图阿喇者，即今之兴京也。兀者卫，按《实录》：洪武二十年十二月，野人部将西阳哈等百三十四人自辽东来降，赐衣各一袭，寻加赐白金千三百七十两。永乐元年十二月，忽刺温等处女直野人头目西阳哈、锁失哈等来朝，贡马百三十匹，置兀者卫，以西阳哈为指挥使，锁失哈为指挥同知，吉里纳等六人为指挥佥事，余为卫镇抚，千百户所镇抚，赐诰印冠带袭衣及钞币有差。永乐九年十月，命能哥等为指挥同知，兀塔出等为指挥佥事，兀者左卫，按《实录》：永乐二年二月，兀者卫头目脱脱哈等五十三人来朝，别设兀者左卫，以脱脱哈为指挥同知，末合赤吉等为指挥佥事，余为千百户镇抚，赐诰印冠带袭衣及钞币有差。兀者右卫、兀者后卫，按《实录》：永乐二年十月，兀者头目那海，义不扎尼等来朝，设兀者右卫，以那海为指挥同知，设兀者后卫，以义不扎尼为指挥同知，罗卜滩咩哥毡为指挥佥事，余各授官，赐诰印冠带及钞币袭衣有差。永乐十四年七月，命女直野人保童为兀者右卫指挥同知，塔失塔木等二十三人为指挥佥事，兀刺纳等十四人为副千户，忽失塔等二人为卫镇抚、忽失纳等八人为百户，兀桑哈为所镇抚，俱赐诰敕。失里锦卫、虎儿文卫，按《实录》：永乐三年正月，虎儿文等处女直野人鞑靼头目绰鲁不乃也儿古尼、尼往哥赤等来朝，设失里锦、虎儿文二卫。

以绰鲁不乃也儿古尼等六十四人为指挥、千百户，赐诰印冠带袭衣及钞币有差。撒力卫，按《实录》：永乐三年二月，把兰等处女直野人卯叉等来朝，设撒力卫，以卯叉为指挥佥事，赐诰印冠带及袭衣钞币有差。赤不罕卫，按《实录》：永乐三年八月，鞑靼失儿哈达儿等来朝，设赤不罕卫，以失儿哈达儿等为指挥、千百户，赐诰印冠带袭衣及钞币有差。屯河卫、安河卫，按《实录》：永乐三年八月，女直野人头目可怜哥、歹颜哈等四十九人来朝，设屯河、安河二卫，以可怜哥等为千百户卫所镇抚，赐诰印冠带袭衣及钞币有差。毛怜卫，按《实录》：永乐三年十二月，毛怜等处野人头目把尔逊等六十四人来朝，设毛怜卫，以把尔逊等为指挥、千百户，赐诰印冠带袭衣及钞币有差。九年九月，建州卫都指挥李显忠，举其弟建州卫指挥佥事猛哥不花等十八人，命为毛怜等卫指挥使等官。十四年正月，指挥使猛哥不花等率其部，同建州卫都指挥佥事李显忠来朝，赐予如例。正统三年六月，建州卫都指挥李满住奏，故叔猛哥不花任都督同知，曾掌毛怜卫事，其卫印被指挥阿里占藏不与，今猛哥不花男撒满答失里袭职，仍掌卫事，乞给印以便朝贡奏事，其阿里印信，不许行用。上以阿里现在毛怜部下，人众，宜与印信。撒满答失里住建州卫，与满住给与印信文书。坚河卫，永乐三年置。右城卫，按《实录》：永乐四年正月，女直野人头目哈成哈等五十人来朝，设右城卫，以哈成哈为指挥使，余为指挥、同知、佥事、千百户等官，赐诰印冠带袭衣及钞币有差。塔山卫，按《实录》：永乐四年二月，女直野人头目搭剌赤、里伴哥等四十五人来朝，设塔山卫，以搭剌赤等为指挥同知，千百户镇抚，赐诰印冠带袭衣及钞币有差。兀也吾卫，按《实录》：永乐四年二月，女直野人头目倒罗等二十一人来朝，设兀也吾卫，命倒罗为指挥同知，余为千百户镇抚，赐诰印冠带袭衣及钞币有差。嘉河卫、哈密卫、斡难河《四镇三关志》作斡滩河、《大明会典》作滩纳河卫，按《实录》：永乐四年二月，嘉河等处女直野人阿必察等百二十八人来朝贡马，设嘉河、哈密、斡难河三卫，以阿必察等为指挥、千百户、镇抚，赐诰印冠带袭衣及钞币有差。塔鲁木卫，《地纬》云：北关住野黑寨，而故酋祝孔革授塔鲁木卫都督佥事。苏温河卫、阿速江卫、速平江卫，按《实录》：永乐四年二月，女直野人打叶等七十人来朝，设塔鲁木、苏温河、阿速江、速平江四卫，以打叶等为指挥等官，赐予如例。宣德八年，阿速江等卫头目弗答哈等，杀建州左卫都督猛哥帖木儿，所谓七姓野人者是也。九年十月，因凡察奏，敕弗答哈等还其所掠人马财物。吉河卫，按《实录》：永乐四年三月，女直野人速鲁董哈等来朝，置吉河卫，命速鲁董哈为指挥同知，余为指挥佥事等官，赐予如例。双城卫、撒儿卫、亦马剌卫、脱伦卫、卜颜卫，《实录》：永乐四年七月，忽剌温、三角等处女直野人吉里纳、者哥难等来朝，置双城等五卫，以吉里纳等为指挥等官，赐予如例。兀兰卫、亦儿古里卫、脱木河卫、福山《大明会典》作福三卫，《实录》：永乐四年八月，兀兰等处女直野人乞剌尼纽怜等来朝，置兀兰等四卫，以乞剌尼纽怜等为指挥，余为千百户，赐予如例。札木哈《四镇三关志》作札竹哈、《大明会典》作撒竹篮卫，《实录》：永乐四年八月，不腊哈赤等处野人乃儿不花等来朝，置札木哈卫，命乃儿不花为指挥同知，赐予如例。肥河卫，《实录》：永乐四年九月，秃河、石鲁山门等处女直野人哈合察等六十三人来朝，置肥河卫，命哈合察等为指挥、千百户，赐予如例。密陈卫、卜剌罕卫，《实录》：永乐四年十月，以答鲁能木里女直野人赵州不花、乞歹不花、忙古纳等来朝贡马，置密陈、卜剌罕二卫，命赵州不花等为指挥官，赐予如例。扎童卫，《四镇三关志》作札童卫。撒儿忽卫、罕答河卫，《实录》：永乐四年十一月，扎童、撒儿忽，罕答河等处女直野人颜赤不花等四十人来朝贡马，置扎童等卫，命颜赤不花等为指挥等官，赐予如例。木鲁罕山卫，《实录》：永乐四年十二月，吾蓝儿等处女直野人失火剌、程哥纳乞等来朝，置木鲁罕山卫于扫邻狗站之地，命失火剌等为指挥等官，赐予如例。兀者前卫，永乐四年置。《国朝典汇》：成化十四年，海西兀者前卫都指挥散赤哈上番书，言开原验贡，勒受珍珠、豹皮。兵部咨抚臣陈钺，征赴广宁勘状。散赤哈率所部由抚顺关入，守将以非贡道不纳，散赤哈因纠建州三卫，乘虚掠奉集诸堡。陈钺掩屠近塞僧格十八族殆尽，更以捷闻。亦罕河卫、纳怜河卫、麦兰河卫、斡兰卫、马英山卫、土鲁亭山卫、木塔里山卫、朵林山卫、哈温河《大明会典》作哈里河卫，俱永乐四年置。喜乐温河卫、木阳河卫、哈兰城卫、可令河卫、兀的河卫、阿古河卫、撒只剌河卫、依木河卫，亦文山卫、木兰河卫、阿资河卫、甫里河卫，《实录》：永乐五年正月，女直野人土城哈等二百二十五人来朝，置喜乐温河等十二卫，命土成哈等为指挥等官，赐予如例。九年二月，女直野人咬纳等三百人来朝，命咬纳等为木兰河卫指挥等官，赐予如例。朵儿必河卫，《实录》：永乐五年正月，朵儿必河、恨骨河等处女直野人官夫答兰、张秃等八十一人来朝，置朵儿必河卫，命官夫答兰等为指挥等官，赐予如例。哥吉河卫、野木河卫、纳剌吉河卫、亦里察河卫、答剌河卫，《实录》：永乐五年二月，女直野人可成哥等九十二人来朝，置哥吉河等五卫，命可成哥等为指挥等官，赐予悉如例。纳木河卫，甫门河卫，《实录》：永乐五年正月，纳木里河女直野人白百舍等来朝，置纳木河等卫，命白百舍等为指挥等官，赐予如例。阿剌山卫，随满河卫、撒秃河卫、忽兰山卫、古鲁浑山卫，《实录》：永乐五年二月，女直野人巴思答木咬纳等五十人来朝，置阿剌山等五卫，命巴思答木咬纳等为指挥佥事等官，赐予如例。考郎兀卫、亦速里河卫，《实录》：永乐五年三月，黑龙江等处女直野人早哈、虎失忽等百七十人来朝贡马，置考郎兀、亦速里河二卫，命早哈为指挥使，虎失忽为指挥佥事等官，赐予如例。《国朝典汇》：成化二年，建州左卫指挥董山，纠毛怜海西入寇，遣都督武忠往教考郎兀诸酋、撒哈良等毋党叛，皆顿首谢。野定儿河卫、卜鲁丹河卫，《实录》：永乐五年三月，女直野人贾虎失、帖思哈等四十七人来朝，置野定儿河、卜鲁丹河二卫，命贾虎失等为指挥同知等官，赐予如例。喜刺乌《大明会典》作喜速乌河卫，《实录》：永乐五年十二月，喜刺乌之地野人的升哥等来朝，命的升哥等为指挥等官，赐予悉如例。阿里河《大明会典》作阿吉河卫，永乐五年置。秃都河卫、实山卫、忽里吉山卫、列门河卫、莫温河卫、阮里河卫、察刺秃山卫、呕罕河卫，《实录》：永乐六年正月，女直野人必缠等百六十人来朝，置秃都河等八卫。命必缠等为指挥等官，赐予如例。九年□月，命平住等为指挥佥事等官，赐予有差。弗朵秃河卫、斡兰河卫、萨列河卫、希滩河卫、克默而河卫、阿真河卫，兀里溪山卫、撒叉河《四镇三关志》作撒察河卫、阿者迷河卫、木忽剌河卫、钦真河卫，《实录》：永乐六年二月，女直野人锁令哈火秃等百六十五人来朝，置弗朵秃河等十一卫，赐予如例。八年十月，撒因加等来朝，命为兀里溪山卫指挥等官。撒因加等愿居安乐州，从之。九年十月，命锁令哈为萨列河卫指挥同知，撒因哈等为指挥佥事。兀鲁罕河卫、塔罕山卫、木兴河《四镇三关志》作木兴卫、益实卫，一作乙室。者帖列山卫、乞忽卫、刺鲁卫、牙鲁卫、友帖卫，《实录》：永乐六年三月暖暖河等处女直野人普速等百二十人来朝，置兀鲁罕河等九卫，命普速等为指挥等官，赐予如例。乞塔河卫，《实录》：永乐六年十二月，乞塔河女直野人乍里等来朝，置乞塔河卫，命乍里等为指挥佥事等官，赐予如例。童宽山卫，永乐六年置。葛林卫、把城卫、札肥河卫、忽石门卫、札岭山卫、木里吉卫、忽儿海卫、木束河卫，好屯河卫，《实录》：永乐七年三月葛林河等处女直野人秃木里等百一十人来朝，置葛林等九卫，命秃木里等为指挥等官，赐予如例。十三年二月，长亦八等女真野人卜可你等来朝，命为忽石门卫指挥等官，赐予有差。伏里其卫，《实录》：永乐七年四月，奴儿干鞑靼忽剌冬奴等六十五人来朝，置伏里其卫，命忽剌冬奴等为指挥等官，赐予如例。弗提卫，《实录》：永乐七年五月，瓦剌金河等处野人塔失等来朝，改忽儿海卫为弗提卫，以塔失等为指挥等官。乞勒尼卫，《实录》：永乐七年十月，虎也木等处女直野人撒秃兀等来朝，命为乞勒尼卫指挥等官，赐予如例。爱和《四镇三关志》作爱河卫、把和卫，《实录》：永乐七年八月，爱和河站女直野人乞塔纳等来朝，设爱和、把和二卫，命乞塔纳等为指挥等官，赐予如例。阿伦卫，《实录》：永乐七年十月，女直野人也力哈等来朝，设阿伦卫，命也力哈为指挥佥事，歹羊哈等为千百户等官，赐予如例。塔麻速卫，《实录》：永乐七年十月，女直野人官音扒等二十一人来朝，设塔麻速卫，命官音扒等为指挥等官，赐予如例。失里木卫，《实录》：永乐九年，本卫女直野人哈升哥等来朝，命为指挥等官，赐予如例。河屯吉卫、古里河卫，永乐七年置。甫儿河卫、使坊一作方河卫、亦麻河卫，《实录》：永乐八年二月，女直野人那溪等来朝，设甫儿河等三卫，命那溪等十九人为指挥等官，赐予如旧例。法因河卫、古木河一作古木山卫、兀应河卫，《实录》：永乐八年二月，法因河等处野人秃剌等来朝，设法因河等三卫，命秃剌等为指挥等官，赐予如例。十年，兀速麻河等处女直野人把失等十三人来朝，命为法因河卫千百户等官，赐予如例。葛称哥卫，《实录》：永乐八年三月，葛称哥野人斜称哥等来朝，设葛称哥卫，命斜称哥为指挥等官，赐予悉如旧例。喜申卫，《实录》：永乐八年十一月，乞烈速头目干塔奴等来朝，设喜申卫，以干塔奴为指挥金事，赐予如例。兀列河卫、卜鲁兀河一作卜鲁兀卫，《实录》：永乐八年十二月，女直野人早花等二十人来朝，设兀列河等卫，命早花等为指挥等官，赐予如例。木刺河《大明会典》作木束河卫、阿答力河一作阿答赤河卫，《实录》：永乐八年置。督罕河卫，《实录》：永乐九年十二月，督罕提吉儿女直野人马吉你等来朝，置督罕河卫，命马吉你等为指挥等官，赐予如例。只儿蛮卫、兀剌卫、即今大兀剌，顺民卫、囊哈儿卫、古鲁卫、满泾卫、哈儿蛮卫、塔亭卫、也孙伦卫、可木一作可木河卫、弗思木卫，《明太祖实录》：辽阳至佛出浑三千四百里，佛出浑至弗思木隘口一千三百六十里。又《成祖实录》：永乐十年八月，奴儿干乞列迷伏里其、兀剌、囊加儿、古鲁、失都哈、兀失奚等处女直野人准土奴、塔失等百七十八人来朝，贡方物，置只儿蛮等十一卫，命准土奴等为指挥等官，赐予如例。斡朵伦卫，《明太祖实录》：佛出浑至斡朵怜一千里。又《成祖实录》：永乐十一年十月，女直野人脱亦脱等来朝，置斡朵伦卫，命脱亦脱为指挥同知，猛哥弗儿哥为指挥金事，兀的哥等为副千户等官，赐予如例。卜忽秃河卫、阿儿温河卫、可河卫，《实录》：永乐十二年三月，女直野人亦能哥、斡罗失等来朝，设卜忽秃河等三卫，命亦能哥等为指挥等官，赐予如故。葛可河卫，《实录》：永乐十二年三月，女直野人广右等来朝，设葛可河卫，命广右等为指挥等官，赐予如故。塔速儿河卫、兀屯河卫、玄城卫、和卜罗一作和十罗卫、老哈河卫、兀列卫、兀剌忽卫、哈尔分卫，《实录》：永乐十二年九月，野人阿鲁秃等百十五人来朝，设塔速儿河等八卫，命阿鲁秃等为指挥等官，赐予如例。失儿兀赤卫，《实录》：永乐十二年十二月，女直野人完答、只鲁兀等四十三人来朝，设失儿兀赤卫，命完答等为指挥佥事等官，赐予如例。卡鲁兀河卫、永乐十二年置。忽鲁爱卫、渚冬河卫、扎真卫、兀思哈里卫，《实录》：永乐十三年十月，考郎兀卫指挥同知恼纳等来朝，置忽鲁爱等四卫，升恼纳为忽鲁爱卫指挥使，脱赤为指挥同知，苦出脱斡等四十人为指挥佥事，长家为渚冬河卫指挥同知，吉当哈为扎真卫指挥同知，忽嗒思为兀思哈里卫指挥同知，忽秃等七十一人为千百户等官，赐予悉如例。吉滩一作吉滩河卫，《实录》：永乐十四年八月，弗提卫奏举女直野人牙速等堪任以职，设吉滩卫，以牙速为指挥同知，亦里当哈等为千百户，赐予悉如例。亦马忽山卫，《实录》：永乐十四年八月，诏命女直野人锁奴兀为指挥使，哈散哈为指挥同知，木答兀等七人为指挥佥事等官，赐予如例。亦东河卫、亦速一作迷河卫，《实录》：永乐十五年二月，安出河等处女直野人嗒剌苦出等来朝，置亦东河、亦速河二卫，命塔剌苦出、出咩哈为指挥使，保道剌忽等为副千户，散只木等为百户，索南哥等为所镇抚，赐予如例。阿真同真卫，《实录》：永乐十五年十二月，女直野人撒里亦答等来朝，置阿真同真卫，授撒里亦答等为指挥同知等官，赐予悉如例。益实左卫、阿答赤卫、塔山左卫，《大明会典》作塔山前卫，《地纬》云：南关故酋速里忐，授塔山前卫，左都督。城讨温卫。以上俱正统间置，寄住毛怜卫内。可木卫、失里卫、失木鲁河卫、忽鲁木卫、塔马速卫、吉滩卫、和屯卫、和屯吉河卫、亦失卫、亦力克卫、纳木卫、弗纳河卫、忽失木卫、兀也卫、也速伦卫、巴忽鲁卫、兀牙山卫、塔木卫、忽里山卫、罕麻卫、木里吉河卫、引门河卫、即依儿门地面。亦里察卫、只卜得卫、塔儿河卫、木忽鲁卫、木答山卫、立山卫、可吉河卫、忽失河卫、脱伦兀卫、阿的纳河卫、兀力卫、阿速卫、速温河卫、结剌吉卫、撒剌卫、亦实卫、弗朵脱河卫、亦屯河卫、一作易屯河，又作一统河，在也合站东北百八十里。兀讨温河卫、甫河卫、剌山卫、阿者卫、童山宽卫、替里卫、亦力察河卫、哈里分卫、秃河卫、好屯卫、乞列尼卫、撒里河卫、忽里木卫、兀里河卫、忽思山卫、弗儿秀河卫、没脱伦卫、阿鲁必河卫、咬里山卫、亦文卫、写猪洛卫、答里山卫、古木河卫、剌儿卫、兀同河卫、出万山卫、者屯卫、喜辰卫、海河卫、兰河卫、朵州山卫、者亦河卫、纳速吉河卫、把忽儿卫、镇真河卫、也速河卫、者剌秃卫、也鲁河卫、亦鲁河卫、失里兀卫、斡朵里卫、秃屯河卫、者林山卫、波罗河卫、朵儿平河卫、散力卫、密剌秃山卫、甫门卫、细木河卫、没伦河卫、弗秃都河卫、者列帖卫、察扎秃河卫、出万河卫、者帖列卫、兀失卫、忽里河卫、失里绵河卫、兀剌河卫、爱河卫、哈剌察卫、没伦卫、卜鲁卫、以哈阿哈卫、速江平卫、兀山卫、弗力卫、失郎山卫、亦屯卫、木河卫、竹墩卫、河木卫、哈郎卫、岁班卫、失山卫、考郎卫、筑屯卫、黑黑河卫、古城卫、弗河卫、文东河卫、阿古卫、弗山卫、兀答里卫、纳速河卫、失列河卫、朵儿玉卫、兀鲁河卫、弗郎罕河卫、赤卜罕山卫、老河卫、竹里河卫、吉答纳河卫、者不登卫、也速脱卫、阿木河卫、颜亦卫。以上正统后置。山答卫、塔哈卫、弗鲁纳河卫、行子卫、兀勒阿城卫、阿失卫、吉真纳河卫、法卫、薄罗卫、塔麻所卫、布儿哈卫、亦思察河卫、失剌卫、卜忽秃卫、撒里卫、你宝卫、平河卫、忽里吉山卫、阿乞卫、台郎卫、塞克卫、拜苦卫、所力卫、巴里卫、塔纳卫、木郎卫、额克卫、勒伏卫、式木卫、树哈卫、肥哈答卫、盖干卫、英秃卫、乞忽卫、阿林卫、哈儿速卫、巴答卫、脱木卫、忽把卫、速哈儿卫、马失卫、塔赛卫、札里卫、者哈卫、恨克卫、哈失卫、交枝卫、葛卫、艾答卫、亦蛮卫、哈察卫、革出卫、卜答卫、蜀河卫、秃里赤山卫、塞崗卫、忙哈卫。以上嘉、万间设。所二十四，曰兀者托温所，《元史·地理志》曰：桃温设军民万户府，属合兰府水达达路，距上都开平四千里。又《明太祖实录》辽阳至佛出浑之地三千四百里，佛出浑至斡朵怜一千里，斡朵怜至托温万户府一百八十里。又《成祖实录》：永乐二年十月，兀者托温女直野人头目唤弟等来朝，设兀者托温千户所，以唤弟等为千百户等官，赐诰印冠带袭衣钞币有差。可里踢所，《实录》：永乐四年正月，女直野人头目八秃卜花等来朝，设可里踢千户所，以八秃卜花等为千百户等官，赐予如例。兀的罕一作兀者罕所，《实录》：永乐四年二月，与嘉河等卫同设。得的河所、奥石河所，永乐五年二月，与喜乐温河等一十二卫同设，《会典》无奥石河所。哈鲁门山所，永乐五年正月与纳木河等卫同设。敷答河所，永乐七年四月，与伏里其等卫同设、兀者撲野木所、兀者稳勉赤所、鱼失所、五年所、兀者巳河所、真河所、兀的所、屯河所、哈三所、兀者屯河所、古贲河所、五音所、锁郎哈真河所、兀者撲野人所、兀秃河所、哈鲁门所、兀讨温河所、兀者撒野人所。站七：曰别儿真站、黑龙江地方莽亦帖站、弗朵河站、亦罕河卫忽把希站、忽把希站、弗答林站、古代替站。地面七，《国朝典汇》作地面五十八。曰弗孙河地面、木温河地面、埇坎河地面、撒哈地面、亦马河咬东地面、可木地面、黑龙江地面。寨一，曰黑龙江忽黑平寨，即今爱浑。

柳边纪略卷之三

明末，东北边部落为大清所并者三十有六：海西则有扈伦国之吴喇一作乌腊，又作兀喇，在混同江东，尼失哈站北六十里。昔扈伦国，姓纳喇。有纳齐布禄者，生子曰商坚朵尔和齐。商坚朵尔和齐子曰加麻喀硕朱古。加麻喀硕朱古子曰绥屯。绥屯子曰都尔机。都尔机生二子，长曰克习纳，次曰古对朱颜。古对朱颜子曰太兰。太兰子曰布颜，始服吴喇诸部，筑城吴喇河岸洪尼地，自称贝勒。传至其孙布占泰，与大清构兵，万历四十一年为太祖所灭。哈达一作哈塔，在开原东北边外四十里，即所谓南关也，与吴喇同祖。先是扈伦国都尔机长子曰克习纳，为族人巴代达尔汉所害。有孙万，一名王台，奔席北之绥哈城。其诸父王住外兰奔哈达为部主。后其下叛，杀王住外兰，其子博尔坤舍进杀其人，以报父仇。遂迎万为部主。万于是称汗，国号哈达，最忠于明，授塔山前卫左都督。传至其子孟格布禄等，于万历二十七年为大清所灭。辉发一作灰扒，本姓孟克得里。始祖曰昂古里星古力，黑龙江岸尼马察部人也，自黑龙江载木主迁居渣鲁。有扈伦国人噶扬噶图黑土，姓纳喇氏，居于张，因改姓纳喇。星古力二子，长曰留臣，次曰备臣。备臣子曰纳领噶耐宽。纳领噶耐宽子曰拉哈都督。拉哈子曰噶哈禅都督。噶哈禅子曰齐纳根达尔汉。齐纳根子曰王机砮。于辉发河边扈尔奇山筑城以居，因号辉发国。时有蒙古哈尔国查萨克图土门汗围其城，不克而还，遂益强盛。王机砮卒，有子七人，其孙拜音达里尽杀之而自立。万历三十五年，为大清所灭。《居易录》曰：陈君说辉发部落未灭之前一载，每至日晡，辄有小儿千百为群，连臂入城嬲人，或入酋长之居，或散在人家。提而掷之，散若轻尘，旋复聚为小儿，驱逐祈禳，皆不能禁。国人夜不得眠，日出始倦而就寝，如是者年余。太祖兵至，已入城，人无觉者，自此妖亦不见。也赫一作也合，又作叶赫，又作野黑，在开原威远堡边门东北九十里，即所谓北关也。明正统间置塔山前卫，设指挥等职。始祖本蒙人，姓土默特，名星根达尔汉。初灭扈伦国所居张地之纳喇部，遂掳其地，改姓纳喇。后迁野赫河岸，故以野赫为国号。星根达尔汉子曰席尔克明噶图。席尔克明噶图子曰齐尔噶尼。齐尔噶尼子曰褚孔革，授塔鲁木卫都督佥事。孔革子曰太杵。太杵二子，长曰逞家奴，次曰仰家奴，皆依哈达王台为边患，而兄弟不相下，乃更筑新城于山坡，而号故城曰老城。老城在西，逞家奴居之。新城在东，仰家奴居之。万历十二年，宁远伯李成梁以赐敕赏赉为名，诱二奴至开原杀之。逞家奴子曰布寨。布寨子曰布扬古、布尔抗古。仰家奴二子曰纳林布禄，曰金台石，俱忠顺，为明卫边。万历四十七年为大清所灭。建州毛怜则有满州满洲始祖曰布库里雍顺，乃天女佛库伦所生，定三姓之乱，妻其女百里。居长白山东俄漠惠之野俄朵里城，国号满洲之苏克苏浒河其地在清河边外，属城寨之著者七：曰图伦城，曰撒尔湖城，曰嘉木湖城，曰沾河寨，曰安土瓜尔佳城，曰古勒城，曰沙济城。沙济城主阿海，与古勒城主阿太，皆王杲子也。万历十一年为李成梁所杀，余皆亡于本朝。浑河属城寨七：曰杭甲城，曰扎库木城，曰东佳城，曰把尔达城，曰兆佳城，曰界凡城，曰播一混寨。万历间俱为大清所并。王甲万历间，部主戴度墨尔根，其叔曰孙扎秦光滚，与董鄂部瓮哥落为仇。十二年九月，本朝太祖攻董鄂齐吉答城还，孙扎秦光滚乞师攻瓮哥落，戴度遣人告之，得为备，十六年太祖灭之。董鄂在宽奠堡外。万历十六年，部主克彻巴颜之子额尔机瓦尔喀，为托汉河部额吐阿禄下所杀，其子何和理遂率众归本朝，尚太祖长女。哲陈一作只陈。万历十五年，为大清所并。苏完部主索尔果，明万历十六年四月，率众归大清。太祖以其子蜚英东为一等大臣，后以功升固山额真，卒谥直毅公，配享太庙。鸭喇古一作押儿孤。寨主扈喇虎，明万历十六年四月，率众归大清，以其子扈尔汉为养子，赐名觉罗。长白山之讷殷一作讷因、朱舍里。以上二部，在明万历二十二年并于大清。鸭绿江即益州江，或呼瑗江。《唐书》作马訾水。源出长白山。明万历十九年，为大清所并。野人则有瓦尔喀之阿库里尼满，明崇祯八年，为大清吴巴海等所灭。兀尔格陈一作吴尔格臣。绥分一作遂分。雅兰、户野一作滹野。兀尔机、尼黑库伦、诺落河湾。以上七部，明崇祯十年七月，为大清喀凯、塔克等所灭。乌尔古辰明万历三十九年，为大清阿巴泰、蜚英东、顺科落所灭。虎尔哈即元呼里改路地之兀扎喇，明崇祯六年，兀扎喇地方头目绰奇以貂狐皮朝贡大清。八年五月，大清命吴巴海等征之。十月，兀扎喇部主之弟塞痕卜克沙等归大清，令住宁古塔地方。十四年二月，大清遣宁古塔章京钟果兑等征其未附屯塞，遂平之。绰库禅、能吉尔。以上二部，明崇祯十六年五月，为大清阿尔津等所灭。库尔克一作库尔喀之喇里阐、铎陈、阿撒津、多金、兀库尔城、挂喇尔、额苏里、额尔兔。以上八处，明崇祯十二年八月，为大清萨木什等所灭。黑龙江之噶尔达苏，噶尔达苏有二处，以大小别之。明崇祯十六年五月，为大清阿尔津等所灭。萨哈连，明万历四十四年七月，大清命达尔汉、顺科落等取其屯寨三十六。

　　东北边部落，举国内附者二十有六：瓦尔喀则有蜚悠，明万历三十五年正月，吴喇侵蜚悠，其城长策穆特黑请移家归大清，太祖命舒尔哈齐等率兵三千，徙其户五百还。虎尔哈则有格先里，明崇祯元年正月，格先里四头目朝于大清。石拉忻明万成四十四年，本朝使顺科落等招之。四十六年，其部长率所部归之。那堪泰，明崇祯三年十一月，其长虎尔噶率妻子至宁古塔，命马尔拖朝大清，求驻牧地。托科落罗一作脱科落。明崇祯十年四月，贡大清貂狐皮。十二月又贡，十五年十二月又贡。努牙喇一作㧑野勒。明崇祯十一年四月归大清。默尔车勒黑叶，明崇祯十一年十二月归大清。马尔遮赖科尔、佛科尔、库萨喀里。以上三喀里，明崇祯十五年十二月归大清。松阿里则有摆牙喇，明崇祯元年十二月，头目伊尔彪图纳哈、布韬伊图略归大清，贡貂狐皮。黑龙江则有戈博尔塞、布奇、长巴尔齐等。何黑岱、克殷、吴鲁苏、榆尔根、海轮、固浓、昆都轮、吴蓝。以上十屯，明崇祯八年四月，俱归大清。精格里河浑泰。明崇祯元年十月，其长扈青布禄归大清，贡貂皮。使犬部则有盖青，明崇祯七年十一月，其长僧格归大清，贡貂皮。窝稽一作兀集，又作乌集，凡林木丛茂处皆是，则有那木，明崇祯间，其长康果里、喀克都里、昂古明噶兔、乌路噶、僧格尼喀、里汤松噶、叶克舒等归大清。都鲁，明万历三十八年十一月归大清。

东北边部落，现在贡宁古塔者八，每年自四月至六月，俱以次入贡。自宁古塔东北行四百余里，住虎尔哈河松花江两岸者，曰拿耶勒，一作闹雷，明崇祯四年七月，部长萨达兰宜寇扎济喇、瓦尔禅、厄克星格等，始贡本朝貂、狐、猞猁狲、水獭皮。曰革依革勒，一作克益克勒，又作克宜克勒，明崇祯十一年四月始贡大清貂、狐皮。曰祜什喀里，一作虎习哈礼。明崇祯十二年十一月，其长纳木达礼等十人，赖达库等四人，始贡大清元狐皮。此三喀喇喀喇，汉言姓也。役属久，其头目皆尚少主。少年精悍者，渐移家内地，编甲入户。或有为侍卫者。初服鱼皮，今则服大清衣冠,所谓窝稽鞑子是也。又名异齐满洲一作伊车满洲。异齐者,汉言新也。其地产貂。窝稽,疑即古之室韦。按《北史·室韦传》:室韦在勿吉北千里,魏、齐后分为五部,不相总一。所谓南室韦、北室韦、钵室韦、深末怛室韦,大室韦。南北室韦皆捕貂为业,冠以狐貂,衣以皮。钵室韦用桦皮盖屋、大室韦尤多貂及青鼠。自宁古塔东行千余里,住乌苏里江两岸者,曰穆连连,一作木轮,又作木伦。明永乐间置木伦河城。万历三十九年七月,大清命阿巴泰等取之。崇祯元年七月,大清又命喀凯塔克等率兵征之。俗类窝稽,产貂。又东二百余里,住伊瞒河源者,曰欺牙喀喇。其人黥面,其地产貂。无五谷,夏食鱼,冬食兽,以其皮为衣。自宁古塔东北行千五百里,住松花、黑龙江两岸者,曰剃发黑金。喀喇凡六,俗类窝稽,产貂。以上皆每年入贡。又东北行四五百里,住乌苏里、松花、黑龙三江汇流左右者,曰不剃发黑金。喀喇十数,披发,鼻端贯金环。衣鱼、兽皮,陆行乘舟或行冰上。驾以狗,御者持木篙立舟上,若水行拦头者然,所谓使犬国也。《后汉书》有狗儿国,以狗耕地,价与牛同。又《金史》有狗站,以狗摆站。辽天庆三年六月,斡朗改国,曾以良犬进贡。其语与窝稽异,无文字笔墨,以皮条记事,小大随之,其地产貂。又东北行七八百里,曰飞牙喀。俗产与不剃发黑金同,而赤臀无裤,以皮蔽其前。自宁古塔东北行三千里,曰欺勒尔,滨大东海,俗产与欺牙喀喇同。以上各种,皆三年一贡。凡岁贡者,除赐衣冠什器之外,宴一次,固山大以下陪宴。三年一贡者,宴三次,宁古塔梅勒章京陪宴。按《会典》:黑金、飞牙喀、虎尔哈等部落,进贡貂皮,宁古塔将军照数验收,送户部。其应赏之物,据将军文书,行文户、工二部支给。又进贡人,每日给谷米、烧酒、盐、黏米、豆、马料等项,不限日期。如格格额附来,支给粳米,赏给衣服、缎绸、布缨带帕、棉花、绿料皮线、梳、篦、扇等物，率以为常。

东边部落贡盛京者曰库牙喇。俗与窝稽同，产海豹、江獭皮。其地在土门江北岸，与南岸朝鲜庆远府城相对，去宁古塔五百里，岁一贡，按《会典》：库尔喀地方所进江獭，验数交送户部，筵宴礼部，备办赏赐，行文户、工二部支给。使鹿部大约在使犬诸部之外，按《实录》：崇德元年五月，阿赖达尔汉追毛安部下逃人，至使鹿部喀木尼汉地方，获男女二十九来献，至今未通朝贡，无由见其国人，但闻其驾车耕地，使鹿若使牛马而已。

东北部落素产马。宋建隆中，女直尝自其国至蓟州，泛海至登州卖马。明女直建州毛怜、海西等部，共岁贡马一千五百匹。又永乐三年，立开原马市，在开原南门外，通女直交易，抚顺马市，在抚顺所，通建州交易，广宁马市，在团山堡，通朵颜、泰宁、福余三卫交易。成化十四年，立庆云马市，在庆云堡，通海西、黑龙江交易，以布帛粟米杂货易之。今柳条边内外绝不产马，惟朝廷乃有马群，按《会典》：盛京骒马群三处。游牧地方，骟马群二处，骒马群十五处，骟骆驼群二处，骒骆驼群十处。上都地方，骟马群二处，骒马群十五处。大凌河，骟马群二处，骒马群十处。三年，骒马三匹孳生一匹，骒骆驼六年内四只生二只，多者赏，少者贡罚。十月初一日起，进庄牧养，至三月三十止；四月初一日放青起，至九月三十日止。其他皆自山海关西及高丽国来。高丽马大与驴等。《后汉书》《三国志》所称果下马，《魏书》所称三尺马，朱蒙所乘马种是也。能负重致远，不善驰骋。其良者亦复蹀躞有致，价不甚贵。关西马皆产于蒙古，价每倍于高丽。或遇窝稽人，非十五六貂，不与一马也。

凤凰城等处官兵人等，往高丽义州市易者，每年二次，春以二月，秋以八月。库尔喀人每二年一次，往高丽庆源地方互市，以八月。按《会典》：凤凰城库尔喀人，往高丽地方互市，始于崇德间。

宁古塔人，每年一次往高丽会宁府互市，亦以八月。然命下遣官监视，每年十一月方行。按《实录》：天聪七年二月，始遣备御郎格吴巴海，携宁古塔货物赴朝鲜会宁府贸易。又《会典》：崇德间定例，每年市易，礼部差朝通事二员，宁古塔骁骑校、笔帖式各一员，前往监视，凡貂皮、水獭、猞猁狲、江獭等皮，不准市易，定限二十日即回，今添差防御一员。市会宁者，多以羊皮袄、布疋往易牛、马、纸、布、瓮、盐，而书特贵。康熙初，姚琢之以明季遗文易牛一头。

柳条边外山野江河产珠，色微青，所谓东珠也。圆而粗者，天子诸王以之饰冠，价甚贵。人参、貂、獭、猞猁狲、雕、鹿、狍、鳇鲟鱼诸物，设官督丁，每岁以时采捕，俱有定所、定额，核其多寡而赏罚之，或特遣大人监督，甚重其事。按《会典》：旧例：乌喇捕牲，设五品总管一员，六品噶喇大二员，笔帖式二员，拨什库三名。除总官本身附壮丁三名，噶喇大本身附壮丁二名，笔帖式、拨什库、工匠等附壮丁一名，免徵钱粮外，其余窝铺首领、捕牲壮丁，各附壮丁一名，每年每丁征取貂皮二十张。东珠、珍珠、猞猁狲、水獭、阜雕、虎斑雕、芝麻雕呈送工部验看，折算貂皮，若比定数多者，都虞司行文广储司，取青布给赏，少者交工部责治。捕鲟鳇鱼壮丁，尽所得呈交。若交纳鹿筋五个者，赏弓一张。康熙元年定例：壮丁额外多貂皮一张，赏青布一疋，少一张责三鞭。康熙二年议定乌喇捕牲总管，以八旗共得貂皮，按丁计算，额外多得一百张，赏银三钱。少一百张，罚俸银三钱。噶喇大分管四旗壮丁，如额外多六十张，赏银三钱。少六十张，罚银三钱。康熙五年，令壮丁兼捕鳇鱼。十年，每旗派壮丁十九名，于冬夏二季，专捕鳇鱼，免捕貂鼠。其捕牲人役，在家病故者，准计日扣除貂皮。上好东珠重八分以上者，每一分折貂皮七十二张。重七分五厘者，折貂皮六十七张半。重七分者，折貂皮六十三张。以上每一分折九张。重六分五厘者，折貂皮五十二张。重六分者，折貂皮四十八张。以上每一分折八张。自五分五厘，以至一分者，每一分折貂皮五张，每五厘折二张半，照数计算。次号东珠及两面光亮中间有带者，三分折算二分，或一面两面微有光亮，二分折算一分。无光亮东珠三分折算一分。猞猁狲，头号每张折貂皮六张，二号折貂皮五张，三号折貂皮四张，四号折貂皮三张。水獭，头号折貂皮三张，二号折貂皮二张半，三号折貂皮二张，四号折貂皮一张半，五号折貂皮一张，末等每两折貂皮一张，薄毛貂皮，每二张折一张。至王公宗室，亦各按旗分地，令期采捕。按《会典》：国初，王以下，公以上，许遣壮丁于乌喇地方采捕东珠、貂鼠、人参等物。效力勤劳大臣，许遣壮丁采取人参。顺治五年，停止大臣采参。七年，停止宗室采捕东珠、貂鼠等物，八年，停乌喇采参人数：亲王一百四十丁，世子一百二十丁，郡王一百丁，长子九十丁，贝勒八十丁，贝子六十丁，镇国公四十五丁，辅国公三十五丁，镇国将军二十五丁，辅国将军二十丁，奉国将军十八丁，奉恩将军十五丁。镶黄旗人参山：曰黑扯木，曰马家，曰肥牛村，曰牛哈儿哈，曰色钦，曰赵家，曰厄儿氏河，曰哈儿氏河冈，曰佟家河，曰拉哈多布库河，曰牙儿渣河。采捕山：曰波那活河，曰一而门，曰呼蓝，曰马哈拉。正黄旗人参山：曰木起，曰呼浑谷背山傍，曰幽呼罗东界，曰克扯木，曰肥牛村，曰土克善梅佛黑齐，曰五林峰，曰厄尔根河，曰哈尔民河夹冈，曰佟家河，曰拉哈多布库河，曰浑济山，曰见得黑山。采捕山：曰一而门，曰牙濑港，曰厄黑五陵河。正白旗人参山：曰呼雷，曰刚山岭，曰东胜阿谷，曰济而歌把罗，曰打八扯冈，曰济儿歌河，曰瓦而喀什把罗，曰觉罗卫济岭，曰昂把释楞，曰阿沙哈河，曰绵滩厄母皮里，曰阿什汗河，曰湖南谷，曰湖南岭，曰布鲁张市，曰叉欣谷，曰棱布纳，曰钮王涧谷，曰布勒亭。采捕山：曰希儿哈河，曰阿克敦，曰上润峰，曰木书河。正红旗人参山：曰朱哈儿哈，曰撒姆汤阿，曰刘姑山岭，曰倭儿烘噶哈，曰阿巴噶哈，曰木敦，曰古黑岭背山傍，曰汗处哈谷，曰西伯谷，曰倭儿烘谷，曰阿米大谷，曰阿米大牙儿过。采捕山：曰撒仑一而门，曰五蓝得弗，曰哈占你白叶。镶白旗人参山：曰刘姑山岭，曰撒姆汤阿，曰张而都科八罗，曰欢他，曰呼勒英尼，曰刚山岭，曰色真打把库，曰扎而打库河，曰乌林库占，曰三通岭，曰多把库罗门，曰浑济木敦。采捕山：曰阿呼峰，曰撒命。镶红旗人参山：曰加海，曰撒姆占河，曰沂澈东倭，曰扎姆必汗，曰扎姆他赖，曰纽木舜，曰五什欣阿普大力，曰倭儿烘阿普大力，曰白母白力，曰撒哈连，曰昂八乌而呼，曰纳孟厄，曰阿沙哈围黑，曰厄黑港，曰古黑岭南山傍，曰瓦黑呼，曰汗处掀谷，曰昂把乌黑，曰昂把释楞。采捕山：曰勒夫渡口，曰一八单，曰依兰峰，曰朱绿峰，曰呼朱白叶。正蓝旗人参山：曰东胜阿，曰加哈峰，曰瓦尔喀什，曰扎儿呼河，曰吉姆申，曰书谷，曰倭儿烘噶哈，曰昂巴噶哈，曰木敦家姆占，曰湾他哈，曰纽王润谷，曰非牙郎阿，曰阿什哈温扯黑。采捕山：曰阿济草牙哈，曰木克峰，曰阿姆滩纳麦尔齐，曰昂巴牙哈。镶蓝旗人参山：曰扎姆必汗，曰扎东阿，曰色钦，曰扎库木，曰厄一夫峰，曰都棱，曰温泉，曰扎儿呼河，曰围黑法山，采捕山，曰牙濑港，曰一吞木克，曰波吞波吞，曰酸马冈。

辽东人参，《本草》云：人参与甘草同功而易蛀。惟纳器中密封，可经年不坏。《紫桃轩杂缀》云：人参一名人葠，葠者渐渍之义。又名人微，微亦微渐之意。一名人御，以其生有阶级。又名鬼盖，以其生背阳向阴。又有神草、地精、海腴之名。《异苑》云：人参名土精。《海录》云：

天狗，人参也。《春秋连斗枢》云：摇光星散为人参，废江淮山渎之利，则摇光不明，人参不生。《说文》云：蓡与参同。扁鹊云：有毒或生邯郸。《西溪丛语》曰：《梁书》阮孝绪母疾，须人参。旧传钟山所生，有鹿引之，鹿灭得此草。四月发芽，五月花，花白色，如韭花丛，大者若碗，小者若钟。六月结子，若小豆而连环，色正红，久之则黄而扁。扁鹊云：三月生叶，小花，淡黑，茎有毛，九月采根。初生一桠，四五年两桠，十年后三桠，年久者四桠。每桠五叶，叶若芙蓉，一茎直上，《扈从东巡日录》所谓百尺杵也。高者数尺，低者尺余。陶隐居曰：上党参形长而黄，多润宝而甘。百济形细而坚白，气味薄。辽东形大而虚软。《紫桃轩杂缀》云：生上党山谷者最良，辽东次之，高丽、百济又次之。《异苑》曰：上党者，人形皆具，能作儿啼。《西溪丛语》曰：扁鹊云，有头足手，面目如人。《广五行记》云：土下有呼声，掘之得人参如人形，四体备具，声遂绝。《隋书·五行志》曰：高祖时，上党人家宅后，每夜有人呼声，求之不得，去宅一里所，但见人参一本，枝叶峻茂，因掘去之，其根五尺余，具体人状，呼声遂绝。《夷坚志》曰：青城老泽，平时无人至其间，关寿卿与同志七八人，作意往游，未到二十里，日势薄暮，鸟鸣猿悲，境界凄厉。久之，山月稍出，花香扑鼻，谛视，满山皆牡丹也。岁二更，乃得一民家，老人犹未睡，见客欣然延入，布席而坐。少顷，设麦饭一钵，菜羹一盂，揖客坐食，翁独据榻正坐。俄出一物，如小儿状，置于前，众莫敢下箸，独寿卿劈食少许，翁曰：储此味六十年，规以待老，今遇重客，不敢藏，而皆不顾何也？取而尽食之，曰：此松根人参也。今上党、百济皆枯白无味，而辽以东所产，多黄润甘宝，不尽如前所云。而人形略具者，闻亦有之，但不能作儿啼耳。甲子、乙丑已后，乌喇、宁古塔一带，采取已尽，八旗分地，徒有空名。官私走山者，非东行数千里，入黑金阿机界中，或乌苏［里］江外，不可得矣。

高丽人作人参赞云：三椏五叶，背阳向阴，欲来求我，假树相寻。《居易录》曰：宋思陵得李伯时尽人参、地黄二药，装潢之，御书东坡二赞，有钟太常家法，其赞参云：上党天下脊，辽东真井底。玄泉倾海腴，白露洒天醴。灵苗此孕毓，肩肢或具体。移根到罗浮，越水灌清泚，地殊风雨隔，臭味终祖祢。青椏缀紫萼，圆实堕红米。穷年生意足，黄土手自启。上药无炮炙，龁啮尽根柢。开生定魂魄，忧恚何足洗，糜身副吾生，既食首重稽。杨升庵《药市赋》曰："人参三椏，来自高句丽之国；桃枝九折，出于雋昆明之陬。"

宗室人参过山海关，皆有定额，额外人参，照例每斤纳税六钱。例云：亲王人参七十斤，世子六十斤，郡王五十斤，长子四十五斤，贝勒四十斤，贝子三十斤，镇国公二十二斤半，辅国公十七斤半，护国将军十二斤半，辅国将军十斤，奉国将军九斤，奉恩将军七斤半，准免关税，余参每斤纳银六钱。其买参者，准于盛京、开原等处采买，不许于打牧之处采买。凡走山者，山东西人居多，大率皆偷采者也。每岁三四月间，趋之若骛，至九十月间乃尽归。其死于饥寒不得归者，盖不知凡几矣。而走山者日益多，岁不下万余人。凡走山刨参者，率五人而伍，而推一人为长，号曰山头。陆行乘马，水行驾威弧独木小舟名。沿松花江至诺尼江口登岸。覆舟山谷间，乃入山相土。山头坐而指挏，四人者剥树皮为窝棚，又择一人炊，三人樵苏，夜则燎火自卫。晓食已，人携小刀一，火石包一，四尺长木鑱一，皮袋一，随山头至岭，受方略，认径路，乃分走丛木中，寻参子及叶，《扈从东巡日录》云：其草一茎直上，独出众草，光与晓日相映。得则跪而刨之，山头者时时立岭上，作声以呼其下，否则迷不能归矣。日暮归窝棚，各出所得交山头，乃洗剔而煮，按《实录》云：

先以水渍参，明人佯不欲市，边人恐朽败急售，多不得价，太祖乃命煮而售之。煮参始此。近又以煮则味薄，改而为蒸矣。贯以缕，悬木而乾之。日惟晓夜再食，粮尽则五人均分而还。

关东人呼参曰货，又曰根子。肉红而大者曰红根，半皮半肉者曰糙重，空皮曰泡平声。视泡之多寡定货之成色。《扈从东巡日录》有紫团、白条、羊角、金井、玉兰诸名。己巳、庚午间，足色者斤宁古塔参以十八两为斤，奉天以十九两为斤，京师以南以二十两为斤。十五两，八九色者斤十二三两，六七色者斤九十两，对冲者六七两，泡三两。若一枝重两以上则价倍，一枝重斤以上价十倍，成人形则无价矣。相传康熙二年，得人形者一枝，重二十二两，献于朝，后绝不得。

窝稽人不贵貂鼠，而贵羊皮，凡貂爪褙合缝镶边处，必以黑羊皮一线饰之。《松漠纪闻》云：不贵貂鼠者，以其见日及火，则剥落无色。余谓此无他，不过厌常喜新耳。今宁古塔梅勒章京以下，皆著猞猁狲、狼皮袄，而服貂者无一人也，若帽则皆貂矣，岂独不畏剥落耶？貂鼠喜食松子，大抵穴松林中，或土窟，或树孔。捕者以网布穴口而烟熏之，貂出避，辄入网中。又有继犬守穴口，伺其出而啮之者；然不贵，恐其损毫毛也。紫黑色毛平而理密者焉上，紫黑而理密者次之，紫黑而疏与毛平而黄者又次之，白斯下矣。胡峤《陷虏记》所谓黑白、黄貂鼠皮也。康熙初，易一铁锅，必随锅大小，布貂于内，满乃已，今且以一貂易两锅矣。明时铁锅不许出边。隆庆四年，俺答受封顺义王后，诸所请皆酌给，独不与锅，哀告数次，终不允。北边如此，东可知已，所以初时难得则贵重，久之日多日贱矣。易一马必出数十貂，今不过十貂而已。马良者乃十四五，亦不以貂易也。上貂皆产鱼皮国，即窝稽诸部，以其服鱼皮，故名。《北史·室韦传》南室韦、北室韦，皆捕貂为业。冠以狐，衣以鱼皮。大室韦尤多貂及青鼠。岁至宁古塔交易者二万余，而贡貂不与焉。宁古塔人得之，七八月间售贩鬻京师者，岁以为常，而京师往往贱挹娄而贵索平声伦，盖以索伦貂毛深而皮大也，然不若挹娄之耐久矣。

貉子皮出鱼皮国者佳。大与狐等。每皮价四五钱。拔枪毛毛之长而劲者曰枪毛为帽，脊曰钻草，臀曰锉草，腹曰拉草。钻草绀色上也，锉草黄色中也，拉草灰色下也，塞外御寒在貂上。有为被者，若为褥则不拔枪毛。枪毛锐，黄黑色。

鹿皮、狍皮、火石、火绒、锉草、红根草及诸木杆皆有贡额。按《会典》：盛京将军每年进鹿皮一百张，狍皮一百张，枪杆三百根，叉杆一百根，杨木箭杆三千根，桦木箭杆二千根，桨木一百根，火石一斗，鞭杆八百根，锉草五百斤，红根草五十斤，火绒三斤，岁以为常。

满洲旧无文字，有之自太祖始。按明万历二十七年己亥二月，太祖以蒙古字制国语，创立满文，行国中。命额尔德尼榜式，榜式一作榜什，又作帮实，萧大亨云：能书者之称也。有侮慢之者，罚马一。本朝天聪五年七月，始停止，但称笔帖，惟大海库尔缠等，仍得称榜式。《池北偶谈》云：国初，内三院满洲大学士，谓之榜式，乌金超哈大学士，亦称榜式，如范文肃公、宁文毅公是也。大海榜式，大海所译，有刑部《会典》《素书》《三略》《万宝全书》；未竟者：《通鉴》《六韬》《孟子》《三国志》《大乘经》。立字母十二，名曰十二兀柱头。兀柱头所载，与汉人反切相类。《左司笔记》云：国书大率如古人反切，如墨为一黑，空为温通之类。汉人呼笔为不律，出之《尔雅》，今北方呼笔为不至，国语以笔为废。或一语为一字，或数语为一字，意尽则以两点节之。其书左行，与汉反。《池北偶谈》云：本朝文移书疏之制，国书则自后而前，汉书则自前而后，凡宫殿榜书，率用清、汉、蒙古三体。按《草木子》载，元朝行移文字，汉字自前而后，蒙古字自后而前，畏吾儿字则横书之。波撇仿佛汉隶，盖蒙古字本从隶变书出，而满书又从蒙古变出，旁加以点，是以仍近汉隶。《五代史》云，增损隶书之半，以代刻木之约，此一据也。按《金史》完颜曼因契丹汉字，命谷神仿辽汉字制，合本国语为女真人大字，又有女真小字。则满洲之初，未尝无文字也，或久而失传，大海更创之耳。

边外文字，多书于木，往来传递者曰牌子，以削木片若牌故也。存贮年久者曰档案，曰档子，以积累多，贯皮条挂壁若档故也。然今文字之书于纸者，亦呼为牌子、档子。犹之中土文字，汉以前载在竹简故曰简，以韦编贯，故曰编。今之人既书于纸，为卷、为部，而犹呼之为编、为简也。

监高丽互市笔帖式云：己巳冬，会宁府民获野鸡子十，破其一，中有十鼠，遂连破三四，莫不然，告之吏，吏剖其一，亦然，乃献之王所。

高丽咸阳郡新溪书院，故新罗国佛寺遗址也。崇德六年六月，有寓居人元年者，掘地得一瓮，贮金二十四片，每片刻"宜春大吉"，瓮盖刻"一千年"字，送于朝，却之。

宁远州人曰：明总兵李如松入朝赐宴，陪宴官某问辽东产何物，如松曰"产好李。"某曰："不知心若何？"曰："赤心"。如松、宁远伯李成梁之子，父子兄弟俱为辽东名将，今镶蓝旗李氏，如李辉祖、李钠、李林隆，皆其后人也。

开原县城中有浮图一，土人云，有镜二十四著顶上。

奉天多邓将军庙，将军名佐，明成化间人。按《四镇三关志》：邓佐者，定辽前卫指挥使也，善骑射，有胆力，巡抚王翱令署都指挥事。成化三年春，随总兵施英按奉集堡，遇敌二千余，佐率五百骑败之，复追至树遮里峻山峭壁中鏖战。忽有一校策马退走，众遂溃，乃下马步战，久之知不可为，遂自刎。报未至辽，人见佐乘白马，挟弓鼓吹而回，佐家亦闻鼓吹声。守臣上其事，立祠辽阳，都御史吴桢为撰碑记，抚顺境外部落，凡有疫疠，祷之立应，至今满洲跳神皆祠之。或曰京师堂子所祀者，亦将军云。按《会典》每年元旦，皇上率亲王以下，副都统以上及外藩，诣堂子上香，行三跪九叩头礼，每月朔，亲王以下，贝子以上，派一人供献。四月初八日，内府并王贝勒一人，依次备供斋戒。是日不祈祷，不祭，不理刑名。康熙十二年，定祭堂子，汉堂官不随往。

宁古塔地，不计亩而计垧。垧者尽一日所种之谓也。约当浙江田四亩零《金史·食货志》：量田以营造尺五尺为步，阔一步，长二百四十步为亩。一夫种二十垧，垧收谷自一石至二石，以土之厚薄为等杀。谷凡十种，曰稗子，曰小麦，曰大麦，曰粟，小米也，曰秫，黏谷也，用以造酒。曰黍，大黄米也，作汤，亦可为酒。曰稷，糜子米也，宜酒，亦可为饭。曰高粱，蜀黍也，曰荞麦，曰糠麦，铃铛麦也。而以稗子为最，非富贵家不可得。地二十垧之佳者，价五两。稗子谷石一两，小麦石五两，大麦石一两五钱，粟、秫、黍、稷、高粱、荞麦，石各二两，糠麦，石一两三钱，凡一石可当通州仓二石五斗，此己巳、庚午间粮价也。

陈敬尹谓余言曰："我于顺治十二年流宁古塔，尚无汉人。满洲富者缉麻为寒衣，捣麻为絮，贫者衣狍鹿皮，不知有布帛，有之自予始。予曾以疋布易稗子谷三石五斗，有拨什库某，得予一白布缝衣，元旦服之，人皆羡焉。"今居宁古塔者，衣食粗足，则皆服绸缎。天寒披重羊裘，或猞猁狲狼皮打呼，皮长外套也。惟贫者乃服布，而敬尹则至今犹布袍，或著一羊皮缎套耳。

宁古塔宴会，以十二簋为率，小吃之数亦如之。争强斗胜，务以南方难致之物为贵，一席之费大约直三四金，满洲则例用特牲，或猪、或羊、或鹅，其费更甚。

宁古塔多业农、贾。贾者三十六，其在东关者三十有二，土著者十，市布帛杂货，流寓者二十二，市饮食。在西关者四，土著，皆市布帛杂货。农则无算而奴为多。其俗贵富而贱贫，贵老而贱少，贵汉而贱满，何也？凡东西关之贾者，皆汉人，满洲官兵贫，衣食皆向熟贾赊取，俟月饷到乃偿值，是以平居礼貌，必极恭敬，否则恐贾者之莫与也。况贾者皆流人中之尊显而儒雅者，与将军辈皆等夷交，年老者且弟视将军辈，况下此者乎？居人无冻馁者，冻馁则群敛布絮、粮食以与之。夜户多无关，惟大门设木栅，或横木为限，防牛马逸出也。比年来正二月间，走山者或盗马，因设堆子巡警。他时，牛马猪鸡之类无失者，失十余日，或月余，必复得。

宁古塔满洲，呼有爵而流者曰哈番。哈番者，汉言官也。而遇监生、生员，亦以哈番呼之。盖俗原以文人为贵。文人富则学为贾，陈敬尹、周长卿，贫而通满语则代人贾，所谓掌柜者也。钱德维，贫而不通满语则为人师，师者胡子有、李召林、吴英人、王建侯、李某、彭某。师终岁之获，多者二三十金，少者十数金而已，掌柜可得三四十金。

宁古塔有七庙，曰关帝庙，在城东三里，马王附其后，道人扬州蔡森生守之，年已七十九矣。曰西庙，在城西三里，吉陵倚其后，虎儿哈河流其前，中有铜观音一，高八九寸，蓝旗章京某所舍也。某云，阿机人钓而得之江，以为神，杀牛、猪、鸡、鹅必祭，而以血涂其口。余以一牛强易之，识者皆指为宋物。又莲花石承柱二，亦自地中出者。庚午二月初六日，僧寮火，观音殿以救免。余为僧作引募修，西行时已得六十金矣。僧名净金，温州人；《秋笳集》所称净公者是也。弟子二，一名雪苍，一名宁远。曰既济庙，在城西北百步，祀龙王、火神。僧名天然，李其姓，河南诸生也。甲寅、乙卯间，以逆党为阿机奴。妻年少绝色，主者呼之装烟，不应，自缢死，天然遂下发为僧。余父怜之，为梅勒章京言，属守庙。庙额余所书也，曰三官庙，在城东北百步，道人朱一翁，故南昌王后也，年七十二。曰子孙娘娘庙，在三官庙东，朱一翁兼守之。曰城隍庙，在城东南一里，直隶刘典史建，因自守之，居人薄守者多不住。曰土地庙，在城东里许，河南王姓尼守之，人呼为王姑子。朔望往七庙者，执香而已，烛不易得也。西庙东，吉陵下，净公植花木数千本。春夏间，满汉男女，载酒征歌无虚日，文人多赋诗以纪其盛。

己巳七月，余家童黑子随爱浑牛录章京崔尚信江行。一日，结伴八人驾威弧，将登岸围猎，波浪作，威弧覆，同伴刘拨什库等三人死，黑子等五人以救免。先是，尚信乌喇起行之夕，梦吏持文书一函，露封，令尚信投爱浑将军。尚信探视之，朱书不可辨，以问吏。吏曰："无他，取多洪拉发三人耳"。尚信疑畏者久之，至是乃恍然，盖死者皆多洪拉发人也。

席百北有鹿，大若橐驼，名康大罕，角可为指决，槽若线者，价三四十两。

海豹皮出东北海中，唐开元中，新罗国与果下马同贡者也。长三四尺，阔二尺许，短毛淡绿色，有黑点。京师人误指为海龙皮，染黑作帽。海龙皮大与海豹等，毛稍长，纯灰色。又京师人指为海獭皮者也。

红姑娘，一名红娘子，状若弹丸，色红可爱，味甜酸，子若鱼子，八九月间熟。草本，有蓓若秋葵，蕊而淡红，烹汤亦可饮。

大发哈鱼，一作打法哈。子若梧桐子，色正红，啖之鲜水耳。其皮色淡黄若文锦，可为衣，为裳，为履，为袜，为线。本产阿机各喀喇，而走山及宁古塔之贫者，多服用之。

楛木长三四寸，色黑，或黄，或微白，有文理，非铁非石，可以削铁，而每破于石。居人多得之虎儿哈河。相传肃慎氏矢，以此为之。好事者藏之家，非斗粟疋布不可得。按楛矢自肃慎氏至今，凡五贡中国，周时贡，后常道乡公景元末又贡。晋元帝初又贡，成帝时通于石季龙，四年方达，后魏太和十二年遣使又贡。而勿吉室韦之俗，皆以此为兵器。或曰楛矢，或曰镞，或曰楛砮，历代史传言之娓娓。《魏书·勿吉传》：箭长尺二寸，以石为镞。《北史·勿吉传》：自沸涅以东皆石镞。《唐书·室韦传》：器有角弓、楛矢。《黑水靺鞨传》：其矢石镞，长二寸，盖楛砮遗法。今余之所见，直楛耳，无有所为镞与砮也，不知镞与砮又何以为之也。

盐，南北朝时有产于树者，有产于池者。金时速频以东食海盐，上京、胡里改等路食肇州盐。按《哈剌八都鲁传》：至元三十年，世祖谓哈剌八都鲁曰：乃颜故地曰阿八剌忽者产鱼，吾今立城，而以元速憨哈纳思乞里吉思三都人居之，名其城曰肇州。又《元史·地理志》：附肇州于广宁府后。其地应在盛京界内。今则运自奉天，或高丽国，坚类长芦盐，斧砍之乃碎。宁古塔盐斤二分五厘，船厂盐斤一分二厘。祁奕喜《风俗记》：出沈阳者斤八分，出高丽者斤六分，盖康熙初价犹贵，不似今之贱也。

桃花水，草本，状若杨梅而无核，色红味甘，质轻脆，过手即败矣。五六月间，遍地皆是，居人择最多处，设帐房或棚子，酿分载酒，男女各为群，争采食之。明日又移他处，食尽乃已。又有法佛哈米孙乌什哈者，味甜酸可食，皆中土所无者也。若频婆果、桃、李、枣、栗、柑、橘之类，非中土人驰送不可得。瓜往时绝少，今李召林学种，各色俱，然价甚贵。莘荠，淀子中平地为淀子亦生，人不知食，黄精极多，贱者乃食之。蘑菇，猴头，鸡腿之外，尚有数种，然状莫大于猴头，味莫鲜于鸡腿。鸡腿蘑菇，篱落间皆有之。往，吴汉槎还，病且死。谓予曰："余宁古塔所居篱下产蘑菇，今思此作汤，何可得"，予时窃笑之，以为蘑菇所在有，何宁古塔也？及予省觐东行，乃知宁古塔蘑菇，为中土所无。而汉槎旧居篱下所产，又宁古塔所无者。今此屋属河南李闻远，而蘑菇已尽。数年来，数祁家马槽下者为第一矣。祁家者，祁奕喜妾所居也。

护腊，革履也。絮毛子草于中，可御寒。毛子草细若线，三棱微有刺，生淀子中，拔之颇触手，以木椎数十下，则软于线矣。一名护腊草。土人语云：辽东三件宝，貂鼠、人参、护腊草。余谓参、貂，富贵者之宝也。护腊草，贫贱者之宝也。有护腊草则贫贱者生，无参貂则富贵者死。

塔子头，《扈从东巡日录》作塔儿头，非。或名和尚头。苗长尺许，若麦门冬草，春绿夏青秋白，则土人以火燎之，焦而黑矣。根紫色，细若线，纠结成团，坚如木石。大者抱，小者握，自相连，联络参差，立泥淖中。马行其上，春夏最难，一失足，陷隙际不能起。秋冬冰坚，则如陆地然。和尚头仍不与冰等也。土人有取以为枕者，玩之绝可爱。余欲携其一示好事者，以马力不胜而止。

松塔，松子蓓也。状若塔，故名。大者高尺许。打松子者，入阿机中伐木取之。木大塔多者，取未尽，辄满车。往时不甚贵，近取者多，百里内伐松木且尽，非裹粮行数日不可得，价乃数倍于前。己巳庚午间，银六钱买一大斗，然食者少，不甚买也。余初至日食一千，三四日后，唇焦舌燥，不敢食矣。

榛，高二三尺，草也而似木，经霜后子落可拾，干可为薪，否则入野烧，春夏间复生，品素贱。己巳秋独少，价遂与松子等。

桦皮，桦木皮也。桦木遍山皆是，状类白杨。春夏间剥其皮，入污泥中，谓之曰糟。糟数日乃出，而曝之地，白而花成形者为贵，《金史》

所谓酱瓣是也。按《金史·舆服志》：酱瓣桦者，谓桦皮斑文，色殷紫如酱中豆瓣也。金人佩刀皆以酱瓣桦为鐍口。又《北史》钵室韦用桦皮盖屋。拉发北数十里，特设桦皮厂，有章京，按《会典》设采桦皮六品官一员。有笔帖式，有打桦皮人，每岁打桦皮入内务府。而辽东桦皮，遂有市于京师者矣。按《会典》：康熙二十六年以前，间一年取宁古塔桦皮九千斤。

边外驿站，相去远近不一，或百里，或百余里，或七八十里。然所谓七八十里者，三九月间，亦必走马竟日乃得到。宋王沂公所谓但以马行记日，约其里数者也。行稍迟，或冬月日短发不早，鲜有不露宿者。土人谓之打野营。露宿必傍山依树，近水草。年少而贱者，持斧伐木，燎火自卫，或聚石为灶，出铜锅作粥，人持一木碗啜之。雨雪至，无从避，披裘冻坐而已。每站设笔帖式一，俗呼帮识、拨什库一，俗呼千总、庄头一、小头一，壮丁不为限，大抵业农、贾。小头者，役于拨什库者也；庄头者，管壮丁者也；拨什库专司应付；笔帖式登记档案。以体统言之，笔帖式有印，若尊于拨什库，而派军马草料，则不敢侵其权，是以一站之人，惟拨什库是畏。前此每站居人，多者数百家，少者数十家，今爱浑将军尽拨壮丁为水手工匠，而山东西与京东之流寓者，周胡峤记曰：辽上京西楼交易，中国人并、汾、幽、蓟为多。奉天将军又复驱之入关，存者不过十余家，而站废矣。

十年前行柳条边外者，率不裹粮。遇人居，直入其室。主者则尽所有出享。或日暮，让南炕宿客，而自卧西北炕。马则煮豆麦锉草饲之，客去，不受一钱。他时过之，或以针线荷包赠，则又煮乳猪、鹅、鸡以进。盖是时俗固厚，而过客亦不若今日之多也。今则走山者以万计，踪迹诡秘，仓卒一饭，或一宿再宿，必厚报之。而居者非云贵流人，则山东西贾客，类皆巧于计利，于是乎非裹粮不可行矣。然宿则犹让炕，炊则犹樵苏，饭则犹助瓜菜，尚非中土所能及也。

辽以东皆产鹰，而宁古塔尤多，设鹰把势十八名，以流人子弟或奴仆为之，兼衙门行杖。每年十月后即打鹰，总以得海东青为主。海东青者，鹰品之最贵者也。纯白为上，白而杂他毛者次之，灰色者又次之。既得，尽十一月即止，不则更打。若至十二月二十日不得，不复更打矣。得海东青后，杂他鹰遣官送内务府，或朝廷遣大人自取之。送鹰后得海东青，满汉人不敢畜，必进梅勒章京。若色纯白，梅勒章京亦不敢畜，必送内务府矣。凡鹰生山谷林樾间，率有常处，善打鹰者，以物为记，岁岁往，无不遇，惟得差不易耳。视其出入之所，系长绳，张大网，昼夜伏草莽中伺之。人不得行，行则惊去。

宁古塔温饱之家，好打马吊，少年者尤甚。吊牌、筹马，皆致自京师，穷极工巧。凡赌不以银，而以核桃、红枣、猪羊之类。

满洲有大宴会，主家男女，必更迭起舞。大率举一袖于额，反一袖于背，盘旋作势，曰莽势，隋文帝所谓常作用兵意也。《隋书·勿吉传》：隋文帝时，宴勿吉于前，使者与其徒皆起舞，曲折多战斗容。上顾谓侍臣曰：天地乃有此物，常作用兵意，何其甚也。中一人歌，众皆以空齐二字和之。谓之曰"空齐"。《金志》所谓鹧鸪声者近是。犹之汉人之歌舞，盖以此为寿也。每宴客，坐客南炕。主人先送烟，次献乳茶，名曰奶子茶。次注酒于爵，承以盘，客年差长，主长跪以一手进之，客受而饮，不为礼，饮毕乃起。客年稍长于，主则亦跪而饮，饮毕客坐，主乃起。客年小于主，则主立而酌客，客跪而饮，饮毕起而坐。与席少年欲酌同饮者，与主客献酬等。妇女出酌客，亦然。是以不沾唇则已，沾唇则不可辞，盖妇女多跪而不起，非一爵可已。又客或惧醉而辞，则主不呼妇女出，出则万

源县，后以都察院副都御史徐元瑛言，改祭于混同江。

北镇医巫闾山，在辽东广宁县。辽太祖陵在广宁县中屯卫，有大事，遣一官致祭。

俗尚齿，不序贵贱，呼年老者曰马法。马法者，汉言爷爷也。呼年长者阿哥。新岁卑幼见尊长，必长跪叩首，尊长者坐而受之，不为礼。首必四叩，至三则跪而昂首若听命者然。尊长者以好语祝之，乃一叩而起，否则不起也，然亦无不祝者。少者至老者家，虽宾必隅坐。随行出遇老者于途，必鞠躬垂手而问曰：赛音。《金史》作塞痕误。赛音者，汉言好也。若乘马，必下，俟老者过，老者命之乘，乃敢避而乘。宴会必子弟进食行酒，不以奴仆，客受之亦不酢。往来无内外，妻妾不相避。年长者之妻，呼为嫂，少者妻，呼婶子，若弟妇。

婚姻择门第相当者，先求年老为媒。将允，则男之母径至女家视其女，与之簪珥布帛。女家无他辞，男之父乃率其子至女之姻戚家叩头。姻戚家亦无他辞，乃率其子侄群至女家叩头。《金志》所谓男下女礼者，是也。女家受而不辞，则犹未允也。既允之后，然后下茶请筵席，此男家事也，女家惟赔送耳。结婚多年十岁内，过期则以为晚。

上元夜，好事者辄扮秧歌。秧歌者，以童子扮三四妇女，又三四人扮参军，各持尺许两圆木，戛击相对舞，而扮一持伞灯卖膏药者前导，傍以锣鼓和之。舞毕乃歌，歌毕更舞，达旦乃已。

十六日，满洲妇女，群步平沙，曰走百病，或连袂打滚，曰脱晦气，入夜尤多。

正、二月内，有女之家，多架木打秋千，曰打油千。

岁除必贴红纸春联。联贵四六，岁易新句，或与旧稍同则不乐。

十月，人皆臂鹰走狗，逐捕禽兽，名曰打围，张舜民《使辽录》云：

北人打围，一岁间各有处所。五月钓鱼海上，于水底钓大鱼；二三月放鹘，号海东青，打雁；四五月打麋鹿；六七月于凉淀坐夏；八九月打虎豹之类，自此至岁终，如南人趁时耕种也。按定旗分，按《会典》：镶黄旗围猎山，曰哈代上涧附，曰威谆河，曰河尔盫，曰加色，曰叶炕厄岭，曰沂漱涨泥河，曰献岭，曰果罗河，曰一马呼港，曰得弗口，曰交河。正黄旗围猎山：曰喀普赤蓝，曰勒克得弗口，曰朱拉。正白旗围猎山，曰沂漱涨泥河，曰科罗河，曰复涨泥河，曰吉当阿河岸，曰蒙古谷，曰打起，曰朱扯滚。正红、镶红二旗围猎山：曰觉罗打阳阿，曰边米牙呼，曰会肥一蓝木，曰黑林，曰过而名冈，曰呼浑，曰肥得里，曰都什黑，曰梅黑河，曰勒夫峰，曰色黑骊达马纳，曰会肥围屯。镶白旗围猎山：曰喀普赤蓝，曰木单焉泰，曰上涧峰，曰色勒五鲁库，曰江都库峰，曰火把峰，曰浑济你什哈河。正蓝旗围猎山，曰吉常阿河西岸，曰围黑夸蓝，曰一吞河，曰昂巴西伯，曰纳亲河，曰叶黑一蓝木黑林。镶蓝旗围猎山，曰书民乌力汗，曰马打堪冈，曰色朱棱，曰酸焉瓦色。不拘平原山谷，圈占一处，名曰围场。无论人数多寡，必分两翼，由远而近，渐次相逼，名曰合围。或曰一合再合。《扈从东巡日录》云：我朝行围，八旗各以章京主之，分左右翼，驰山谷间，名曰围场。惟视蓝旗所向，以为分合，有断续不整者，即以军法治之。章京服色，亦随本旗，惟御前侍卫及内大臣得穿黄褶。行围之法，以镶黄旗大纛居中为首，圣驾在大纛之前，按辔徐行，两翼门纛相遇，则立而不动，以俟后队，渐次逼近，谓之合围。缇骑环山，旌旄焰野，狐兔麋鹿，散走围中，或皇上亲射，或皇太子射之。亲王大臣近侍，非得旨，不敢在围中发一矢，兽有出围者，方许扈从诸人捕之。亭午，就山阳张黄幄尚食。一日凡两合围。所得禽兽，必饷亲友。善打围者，一冬得雉常一二千，不善者，有终岁不得一者矣。

满人病，轻服药而重跳音条神，亦有无病而跳神者。富贵家或月一跳，或季一跳，至岁终则无有弗跳者。未跳之先，树丈余细木于墙院南隅，置斗其上，谓之曰竿。按《会典》，堂子祭仪，每年三月初一日、九月初一日，俱立竿致祭。亲王、郡王、贝勒，每家各祭三竿。贝子、镇国公、辅国公，每家各祭二竿。镇国、辅国、奉国将军，每家各祭一竿。不祭者，听其无爵宗室不祭。凡致祭日期，初一日皇上祭，初二日礼亲王府，初三日郑亲王，初四日睿亲王，初五日肃亲王，初六日英郡王，初七日豫郡王，初八日额尔克楚赫虎儿贝勒，初九日罗罗浑贝勒，初十日额勒浑贝勒，十一日饶馀贝勒。康熙二年，定亲王立竿祭期，第一康亲王，第二显亲王，第三庄亲王，第四安亲王，第五裕亲王，第六简亲王。四年，定郡王立竿祭期，第一温郡王，第二惠郡王，第三信郡王，第四平郡王，第五顺承郡王。此定期内，若遇皇上致祭，则应祭之家停祭，贝子公等依次致祭。凡祭三竿之家，于定期内各祭一竿，过十一日后，再各祭二竿。或致祭日，有两三家同祀神者，仍依次俟应先祭之家祭毕，次祭之家方祭。如亲王贝勒于定期致祭之日，有事不得祭，预期知会礼部，令次祭之家致祭，其有事者，随便补祭。每年三月初一日俱立竿，皇上亲往致祭。是日卤簿大驾全设，内掌仪司官设皇上行礼坐褥于堂子正殿内一，前圆殿一，上具礼服于正殿圆殿神前，行一跪三叩头礼。诸王大臣俱排立，不随行礼。祭毕，上在丹陛上西傍正坐，公以上亦在丹陛上分翼排坐，进祭物，饮祭酒毕，作乐还宫。祭时，著肉斗中，必有鸦来啄食之，谓为神享。跳神者，或用女巫，或以冢妇，以铃系臀后，摇之作声，而手击鼓。鼓以单牛皮冒铁圈，有环数枚在柄，且击且摇，其声索索然，而口致颂祷之词，词不可辨。祷毕，跳跃旋转，有老虎回回诸名色。供祭者，猪肉及飞石黑阿峰，飞石黑阿峰者，黏谷米糕也，色黄如玉，质腻，糁以豆粉，蘸以蜜。跳毕以此遍馈邻里亲族，而肉则拉人于家食之，以尽为度，不尽则以为不祥。

宁古塔烧酒曰汤子酒，祁奕喜《风俗记》作满洲烧酒。斤银四分，黄酒斤银三分。然烧酒家为之，不须沽，惟黄酒多沽饮耳。油皆苏子所打，斗得油八九斤，《扈从东巡日录》所谓妈龙腻盟者是也。气颇触鼻，品在菜油下，然菜油至自奉天，不常有。

糠灯，俗名虾棚。以米糠和水，顺手粘麻秸，逆手粘则不可燃。晒干，长三尺余，插架上，以三岐木为架，凿空其端，横糠灯于中，可进退。或木牌，削木牌，凿数眼于上，悬之梁下，用与架同。燃之，光与烛等而省费，然中土人多用油灯。

自昔器皿如盆盉碗盏之类，皆刳木为之，数年来多易以磁，惟水缸槽盆犹以木。

扒犁，土人曰法喇。以木为之，犁而有架，车而无轮，辕长而软，雪中运木者也，驾以牛。

烟囱，多以完木之自然中虚者为之。久之碎裂，则护以泥，或藤缚之。土人呼为摩呼郎。

宁古塔船有二种。小者曰威弧，《扈从东巡日录》作威护。独木，锐首尾，古所谓刳木为舟者是也，可受三四人。大者曰五板船，三舱，合五板为之。合处不用灰麻，钉以木，水溃则以青苔塞之，今爱浑战船，则官运灰、麻、钉、油为之，其费不赀。可受十余人。常责一人执青苔以俟，不遑他顾，他顾则水入船矣。桨长数尺，两头若柳叶，而圆其中，人执之，左右棹若飞。《开元新志》所谓乘五板船，疾行江中者是也。五板船，富者乃有之。威弧随处皆有，秋冬则以为马槽。马春夏皆放青，秋冬始喂于家。

设堆子巡夜，始于己巳。南关定更钟，始于庚午。梅勒章京雅泰命商人丁二等自奉天铸往，文曰"宁古塔定更钟，康熙二十九年造。"

宁古塔薪不须买，然二十年前门外即是，今且在五十里外，必三四鼓蓐食往，健者日致两车，弱者致一车。俗以伐木为第一劳苦。每年冰雪中，运一年之薪，积于舍南若山。二三月冻开，不可运矣。盖木至春则滋润，非斧斤可伐，冬间合抱之木，一二斧即剖，十余斧即断，他时则否。一也；冰雪融，地皆翻浆泥淖也。陷车伤牛，二也；清明后十日，开犁布谷，不暇入山，三也；富者奴任之，贫者子若孙任之，或无子孙，则雇倩人。间有买者，大率二钱一车。冬春间所烧皆湿木，然入坑即燕，夏秋即不乾不燕矣。

山多柞、柞、椵。椵类银杏，锯板可为器，其皮可为瓦，浸水久之可索绹。柞可为车，柞之小者名波罗木，五月，土人摘其叶裹粽，大则名柞，为薪而已。

爱浑将军萨不苏为宁古塔梅勒章京时，其家有木槽盆，忽随怪风卷入云际，久之堕地，犹在前院，毫不损坏，明年迁将军。

己巳冬和，宁古塔无积雪，入春人畜病牛多死。《北史·勿吉传》：其国无牛。庚午正月，邻人刘老三家，十九牛相继死，皆剥于东墙下，凡牛过此，不肯行，必以口就地，哀鸣久之乃去，余往观，泪下处无干土云。

有孔和尚者，名元昭，江阴人，素阴贼，每挟私怨兴大狱杀人，流宁古塔者以百计，余父其一也。乙巳、丙午间，元昭亦以流往，众欲毙之，余父不可，乃止。元昭无所事，日为人诵经。庚午正月六日，其次子忽发狂疾，持刀欲杀人。元昭惧走，乃绕城逐焉，唾骂数元昭罪。邻人助元昭送梅勒章京，时封印不治。明日，辱元昭于公衙门，官乃禁之披甲高六家。元昭手进饮食，惟谨呼二相公而不名，其唾骂如故。或责之，其子曰："我非孔和尚子也。我叶姓，孔和尚诈我银不得，速我狱，破我家，杀我，我索之三十余年，今乃得之，必杀乃已"，言讫，举室中断石击之，不中，元昭避户外，不敢出声，而进饮食如故。十三日苏，涕泣求免，元昭乃为言于官释之，数日，复持刀逐元昭，元昭匿披甲家，余行时未已也。

福建陈昭令于沙兰北掘一镜，长四寸八分，阔二寸五分，四角皆委，上凸下凹，背有纽在其端，中有篆文曰："炤㽞会"旁像二龙，而各加剑于首，一像水波纹。

宁古塔有人掘一镜，背铸铭两行，左一行不可辨，右一行曰"不剑而镜"。

前宁古塔将军安珠瑚于福儿哈河边得一残碑，仅五行，合七字。首行曰："上顺国"，次曰："不"，次曰"字"，次曰"归"，次曰"佃"。

己巳年，人传飞牙喀一碑，本属汉文，而译为满，不能录，大要其地为二冈国，十年教养之后，立此碑版。后书"东唐国镇守满种山将军马元亮"，又有都指挥同知官名，按中国无东唐之号，岂高丽前代耶？书之以问世之知者。

宁古塔官皆世袭，如将军、梅勒章京死，授其子本处牛录章京。固山大死，授其子本处苏喇章京。牛录章京、苏喇章京死，授其子代子，一名分得拨什库。凡应袭之人，必至京陛见，谓之验身子。戊辰以前无不得者，后在京各旗愿往者多，应袭之人或有不得者矣。

宁古塔书籍最少，惟余父有《五经》《史记》《汉书》《李太白全集》《昭明文选》《历代古文选》。周长卿有《杜工部诗》《字汇》《盛京通志》。

呀思哈阿妈有《纪事本末》。车尔溪阿妈有《大学衍义》《纲鉴》、白眉《皇明通纪纂》。

康熙初，宁古塔张坦公有歌姬十人，李兼汝、祁奕喜教优儿十六人，后皆散；今惟有执倒刺而讴者。而山东卖解女子，则于己巳年一至云。

庄屯之最著者，曰牡丹，曰觉罗，曰沙阑，曰沙儿，曰邀鹿，曰一拉冈，曰蜜将，曰山阴哈达，曰官庄。

宁古塔流人，地方官防范向不甚严，给假入关者固多，忽然宵遁者亦不乏，本地既不稽查，关隘出入亦无须官票。己巳十二月，杨巴巴家抱骨还乡，私带犯妇洪氏入边，遂自宁古塔放喀喀当作卡路，巡边之谓也。至必儿汉必拉，无官票者，始不得出境矣。

奉天、宁古塔、爱浑三将军，自康熙庚午年始，凡入官流徙人犯。有犯光棍叛盗以上罪者，不必奏请，径斩于市，年终汇报。

宁古塔自牛录章京至笔帖式，分六部管事，不相侵让。宁古塔每年派章京一，笔帖式一，收管牛马税银，多寡无定额，作公衙门费。

宁古塔无羊，《魏书·勿吉传》多猪无羊。无骡，即有人带至，亦不能久。往时驴亦少，近推碾磨者半用之。然偶病，辄不治。船厂、宁古塔流徙者，多爱浑将军调度，本地将军以下不得主。爱浑将军旧官宁古塔，熟知流人姓名，按籍而无得免者，故流人奴仆年壮者，皆为爱浑水手、舱匠正身，年老文弱者皆为帮儿。帮儿，帮正身者也。每年出银六两给正身家。庚午年，自将军以下，帮儿以上，皆移家爱浑。朝廷给移家银，官四十两，披甲水手半之，帮儿不与。余去宁古塔时，尚未尽行也。

童子相戏，多剔獐、狍、麋、鹿腿前骨，以锡灌其窍，名噶什哈。或三或五堆地上，击之中者尽取所堆，不中者与堆者一枚。多者千，少者十百，各盛于囊，岁时间暇，虽壮者亦为之。

凡卧，头临炕边脚底窗，无论男女尊卑，皆并头。如足向人，则谓之不敬。惟妾则横卧其主脚后，否则贱如奴隶亦忌之。头不近窗者，天寒窗际冰霜，晓且盈寸，近窗衾裯，亦为寒气所逼，每不干，乃知头临炕边，亦不得已也。近见炕皆外高内低，觉更便，但不甚阔，人稍长便须斜卧，而绝无增广之者，不知何故。

满洲见人，以曲躬为礼，别久相见则相抱。近以抱不雅驯，相见与别，但执手，年长垂手引之，少者仰手迎焉，平等则立掌平执，相抱者少矣。

阿机人相见，无男女，皆相偎抱，或亲嘴不已。

船厂西二百里薄屯山，有《金完颜娄室神道碑》，高八尺八寸，阔四尺五寸，厚一尺二寸，顶高三尺，两面镂蛟龙，基阴残毁，其阳篆二十字，作五行，文曰："大金开府仪同三司、金源郡壮义王完颜公神道碑"。碑身作楷书，文曰："大金故开府仪同三司左副元帅金源郡壮义王完颜公神道碑。翰林直学士、大中大夫、知制诰、兼行秘书少监、虞王府文学、轻车都尉、太原郡开国伯、食邑七百户、赐紫金鱼袋臣王彦潜，奉上大夫、大名府路兵马都总管判官、飞骑尉、赐绯鱼袋臣任询，明威将军、东上阁门使兼行太庙署令、上骑都尉、平原县开国子、食邑五百户臣左光庆。王讳娄室字斡里衍，与国同姓，盖其先曰合笃者，居阿注浒水之源，为完颜部人，祖洽鲁直，赠金吾卫上将军，以财雄乡里。枝属浸蕃，乃择广土，徙雅挞濑水，拿邻麻吉等七水之人，皆附丽焉。父白答，赠金紫光禄大夫，事世祖为七水部长，时乌蠢谋寇，乱者构为匈恶，金紫公与同部人阿库德协心一力拒之，以附世祖。王简重刚健，矫捷过人，擐甲蒙胄，手之所及，不无超越，而器识深远，幼不好弄，卓然有成人风，为乡间所爱。年十有四，金紫公知其材，曰：'儿胜兵矣'。乃献于穆宗。一与语，器之曰：'是子他日可以寄军旅重任'。尔后阿拍、留可、蒲余罕等相继逆命，王从之征。屡立战功，受赏。辽人萧海哩叛，入于系辽籍之女直部，穆宗使王觇知所在，勒兵讨捕。王登先麾击，蒙赏以甲胄，具装战马。高丽出兵侵曷懒甸，进筑九城，宗子赠原王。什实款帅师讨之，王从攻其城，久而不克。王言之于帅曰：'宜遏彼外援，绝其饷道，可不攻自下'。从之，降其城五。从魏王斡带讨讹斡浑叛帅，攻其城，王登自东南隅，斧其楼柱，流矢中手，贯于柯，攻犹不已。士众从之以登，城遂破，王功居其最。年二十一，代父为七水部长。太祖方图义举，间召王与同部人银术可问曰：'辽人骄矜，且其见侵无厌，又辖他部人阿克束弗吾界，吾欲先翦其外邑，以张吾军，然后进伐，何如'：王进曰：'辽人内外□□□之余'。其时，太祖攻取宁江州，王登先以战。收国元年擢授猛安，奉命总督银术可蒙刮麻吉等，往平系辽籍女直诸部。既降一部长，而各部长告急于辽，援兵三千且至。王率其已降，卷旆迳进，掩其不备，大破之，追杀千余人。明日破奚部，又败援兵三千，斩其将，俘获监战银牌使者。诸部以次平之。宗宣斡鲁古略地咸州，以其敌重，使会王合兵御之。乃往，败其戍兵三千于境，斩其将，遂会斡鲁古。既而闻敌兵且至，王留四谋克精锐，各守其一门，与斡鲁古济水□翼，王居左击败其所冲，追杀略尽，斡鲁古军引却，退□城，□与所留诸谋克整阵而立。王返兵捣敌背，大败之。咸州既下，因徇地黄龙府。太祖自将进达鲁古城，将与辽兵遇，遣使驰召王以军赴之。太祖见其马力疲极，益以三百匹，命居右翼。明日兵交，以众寡不侔，为敌所围者九。王所向披靡，辄溃围而出，竟大破之。太祖将进取黄龙，召诸将议方略。王进曰：'黄龙，辽之银府，所以围边者，拒守甚坚。若不行遍其巡属，使绝外援，则未易可拔，请试效之。'太祖乃令王以军行。自辽水以北，咸州以西，暨诸奚都城邑，悉讨平之。进壁府城东南，扼敌军出入，且巡其屯堡。凡有以应援者，使不得交通，度城中力屈可攻，使驰奏。太祖遂亲御诸军以至，围之。王攻东南隅，选壮秉苋倚梯，望其楼橹，乘风纵火。王乃毁民家堞，趣士力战，至燃靴伤足而不知。诸军继进，敌遁不守。太祖嘉其功赏御马一，奴婢三百，仍赐誓券，恕死罪。太祖之败辽，破敌兵九，俱王挑战有功。天辅元年，及斡鲁古阿思魁等平乾显路，攻克显州，遂与辽大帅邪律淳□□□战于蒺藜山，大破之，遂下川、成、徽三州，徙其人民于咸州、黄龙之地，于是太祖命王为黄龙路统牧。皇弟辽王杲统诸军以平中京，王为先锋，至□山，败其节度使雅里斯之兵三千。偕完颜希尹、邪律余笃等帅师徇地奚部，所向辄克，始与余笃以骑二千袭辽主于鸳鸯泺，辽主遁去，追至白水，弗及，获其内帑辎重。大军围其西京，城坚拒守，王与皇弟阇母攻东面，制攻具，以三木骈攘为洞垣右长廊，使士卒行其下，以塞隍堑。又作楼车，巩之以革，施四轮其上，出陴堞以阚敌，诸军乘之而遂克城。与阇母徇地天德、云内、东胜、宁边四州及其傍诸部，悉降之。叛人阿克束于是始获。都统斡鲁以诸军次白水，王营中夜有光如炬起矛□，王戒严曰：'将有重敌。'明日闻夏人出兵三万援辽，过云内矣。斡鲁以诸军会天德。辽王前后遣骑数百迎敌，竟为所掩，惟数骑得还。时方暑雨，斡鲁与诸帅议方略，皆曰：'彼众我寡，宜请济师于朝，比其至。姑择草牧，以休养士马。'王独曰：'敌据我前，倘吾军若纵之，其势益张，我虽不战，亦必来争利，或劫取新降人民，则沮吾士气。所请济师，岂能遽集邪？愿得精骑一千，与辞不失、拔离速二将以偕，见可则战，难则固垒以俟合军。'宗室什古乃诃止之曰：'尔安轻举，我军既寡，马力疲甚，将何交战。'曰：'制敌如救烈火，一后其时，反为所乘，则益难为功，宜必迎战。'什古乃拔佩刀勃然曰：'诸帅皆不欲，尔敢咈众邪？'王厉声曰：'我独与战者，非为身计，盖国家大事耳。阿昆乃欲屈忠勤之志，而沮诸军之气乎？'亦挺刃相向，诸帅大惊，起扞之，斡鲁□□□□□以二将与王偕行。将至邪俞水，登高以望，夏军队伍不整。方济水。遣使驰报斡鲁曰：'今观敌众而无威，易与耳。将挑战，伪遁以致之，请速以师进'。王乃分所将为二旅，更出□□□□□□□□□引却其□继出，进退以诱之。退凡□□过□水，乃再整行列，奋锐气驰击，敌兵遂却退。我大军亦至，合击之，敌乃大溃。追至邪俞水，杀数千人。敌赴间结阵，俄水□□□□□□□□□□□□□□□□□□□□□于河之东，降四部族。迭剌部既降复叛，讨平之。太祖平燕，皇子宗望，由间道东下，至昌平，以取粮饷，太祖□□□□□□□□□□□□□□□□□□□□□□□□□□□□□□□。太祖闻辽主越在阴山，命斡鲁暨皇子宗望引兵迫袭，以王为先锋，道出龙门，擒其都统邪律大石。至白水，又擒□□□□□□□□□□□□□□□□□□□□□□□□仁。又破西山巨盗赵公直，出师于朔漠之境，生擒公直。天会初，辽主播越应朔间，斡鲁遣将分兵三路追袭，□□□□□□□□□□□□□□□□□□□□□□□□□追之，疾驰六十里，及之于风山。辽主以其骑阵而立，王驰之，其众溃。辽主以六十余骑奔。王戒士卒曰：'无□□□□□□□□□□□□□□□□□□□□□□□□□□□□□□□□□□□马出其□□□□马□胄而□□□□诏书所以招谕之意。辽主□□□□□□□□□□□□□□□□□□□□□□□□□遂获以归。□□使请降。辄名□□□□使驰

奏，王不能平□□□□□□□□□□□□□辨之执政□□□□□□□□
□□□□□□□□□□□□□□□□□□□□□□□□□□□□□□
□□□□徇国，戮力于石马，遂获辽君，厥功茂焉。自今或罹罪，
□□□□□罚，余释勿论，藏之明府，有如□□□□□□□□□□□
□□□□□□□□□□□□□□□□□□□□□□□□□□□王领
先锋军取马邑，破敌于雁门，围代州，克之，执其将李嗣本，进降忻
州，又降戍将耿守思等。太□□□□□□□□□□□□□□□□□
□□□□□□□□□□□□□□□□而宋之援兵日集，银术可独不能
辨。宗翰遣王以军与之协力，遇宋将樊夔之众十万于□城，破之。又败
□□□□□□□□□□□□□□□□□□□□□□□□□□□□□□
反辔夺击，大破之，遂获九孛堇。军趣汾州，掩平遥、介休、灵石，攻
拔汾州，招石州及诸县邑，降之。宗翰以大军□□□□□□□□□□
□□□□□□□□□□□□□□□□津。复遣子活女与诸将继之。突
葛速等破敌，降河阳，而宋人既撤河桥，活女于是自津溯流行三十里，见
河水□□□□□□□□□□□□□□□□□□□□□□□□□□□□
浮深涉浅而驰于中洲。俄已登岸，临岸敌望之以为神，不击自遁，诸军
毕济，遂取洛京及郑州。合大军围汴，与孛堇□□□□□□□□□□
□□□□□□□□□□□□□□□□冒围出战。王见其锋锐，不以
逆击，使活女率精兵横截之。敌众乱，王乃督诸军进战，手中流矢，整
辔挺枪，驰击自若。敌大败奔城，而城中□□□□□□□□□□□□
□□□□□□□□为诸军所覆。既克宋，帅府俾王统诸军西趣陕津，讨
河东未附郡县。至渑池，大破宋师范致虚勤王之师三十万，僵尸盈沟，
致虚仅以数十骑遁去，遂克陕府，济河蒲解又破敌二万，降解州。攻河
中，城坚拒守。王使其弟倚梯间关登陴，俄援甲士三人上，与敌格斗，

诸军继进，克之。蒲人西走，先出者，焚桥而去，余溺于河，使并流拯之，活其卒五百人。于是置蒲、解二守，以进士摄诸县长吏，招抚散亡，以活女领二猛安军留镇中京。又降绛、慈、显、石四州，而还元帅府，将平陕西，以王尝请之，使诣阙图上方略。还率诸路军合万人以行。出慈州，乘兵渡河而南，复与范致虚军十六万遇于朝邑，大破之，遂降同、华，进破重敌于潼关，徇地京兆，败敌数万于长乐坡，遂克京兆，擒其经制使得亮，转降凤翔、陇州。凤翔寻叛，进军城下，破无援兵十余万，攻拔之。还败敌三万于武功。日中复败三万于近地，又破十五万于渭南。北趣鄜延，徇下诸郡，招降折可求，收麟、府、丰三州及诸城堡。克晋宁军，杀其守徐徽言。京西陕府叛，复讨平之，又破重敌于渭水、终南，略地西北。宋将吴玠率军二十万来拒，遇于武河，战十有四合，而敌气始衰，遂大破之。陕府又叛，往讨之，既成围，使以薪刍绝池筑甬，列冲棚，临城攻之。池水忽涸，王戒将士曰：'敌泄池水，必突地欲焚甬也，严备之。'既而烟出于堑，遂撤攻具而退。须臾火发，甬为所焚，敌复引水自固。王使以沙囊塞堑，于是梯冲并进，数日攻克，擒其将李彦仙及援兵之将赵士伯，戮之。鄜延复叛，于是王已感末疾。睿宗皇帝时为元帅，将亲平陕右，使王先讨定鄜延，而宋将张浚率步骑十八万，壁富平，睿宗皇帝会诸军迎敌。王至，见敌游兵千余，逾沟来觇，乃率百余骑邀击，而设伏于陌，以轻骑诱之出，将前伏发，返辔夹击之，斩馘略尽，执生口以献，遂领左翼。及敌兵遇于两沟之间，自日中战至于昏，六合而后败之。始合，右翼引却。王援之，乃复振。明日，睿宗皇帝宴赍有功将士，顾谓王曰：'力疾鏖战，以徇国家，遂破大敌，虽古名将，何以加也。'悉以帝筵所用金银酒具及细坚甲胄，副以马铠战马七匹赏之。由是疾增剧。以天会八年十二月九日卒于泾州回山之西原，年五十有三，军中哭之如亲丧焉。讣闻，太宗震悼，诏遣亲卫驰驿，护其丧归，葬于济州之东南奥吉里。复遣皇子鹘沙虎、宗子银术可迤之。车驾还自中京，道临其终南之际观，至奠哭久之，所以赠赙者良厚。天会十四年，追赠使相。官制行，改赠开府仪同三司，又追封莘王。正隆二年，改封金源郡。配曰温都氏，追封王夫人。子男七人，长曰活女，官至仪同三司，京兆尹，本路兵马都总管；曰斡鲁，光禄大夫、迭剌部节度使；曰谋衍，崇进，留守东京；曰什古乃，金吾卫上将军，留守北京。孙男仕者曰斜鲁，镇国上将军，世袭猛安；曰度剌，世袭谋克；曰宁古符，实祗候；曰撒葛祝，太子内直郎；曰辞烈宿，卫士。王骛勇果毅，济以明略，始自伐辽，迄于克宋。率身先行阵前，数千百战，未尝不捷，独追获辽主。至于取汴，棰马以涉大河，威名震慑南北。自国初迄今，言将帅臣，无能出其右者。大定十六年，天子思其功烈，诏图像太祖原庙。明年大祫，配享太宗庙庭，谥曰壮义，又敕词臣谍次之，建碑墓隧。臣窃惟王之考金紫公，在世祖戡难定乱时，为不二心之臣，书动史册。王以忠贞才武，辅佐太祖、太宗，征伐功无与二，称颂至今，传所谓世济其美者欤？铭曰：金兴受命，实始翦辽。武元载斾，畴若戎昭。王惟世臣，熇熇忠荩。视敌无前，身先行陈。武元致届，顺天应人。天讨有罪，生此虎臣，靡坚不摧，靡强不蹈。薄伐云朔，至于漠北。匪学孙吴，出奇纵横。以寡覆众，殄歼夏兵。掩追亡逋，屡执丑虏。反辔风山，卒获辽主。迨及伐宋，经营太原。所在寇敌，如云之屯。王锋一临，如睍之雪。肤公之奏，奚啻三捷。宋既画疆，乃复渝盟。王弗解甲，师弗留行。宋阻洪河，舟梁既撤。靡杭一苇，长驱而入。先之巩洛，合围汴梁。困兽搏斗，击之而僵。亦既克汴，趣师关陕。貔豾裹粮，金汤失险。富平之役，

□□□□。王身厉疾，威犹靡及。以死勤事，虽疾亦力。劲敌何有，方战乃克。寇垒既清，陕右遂平。王诚有功，□□□□。维昔先正，□□□□。□□□□，□□□□。肖形以图，写勋而□。□□□□，千载如生。□□□□，□□□□。"

　　宝胜寺在盛京城西三里，东西建石碑二座。东一碑前镌满文曰：幽谷无私，有至斯响。洪钟虚受，无来不应，而况于法身圆对，规矩冥立。一音称物，宫商潜运，故如来利见迦维托生王室。凭五衍之轸，拯溺逝川；开八正之门，大庇交衷。于是元关幽键，感而遂通；遥源浚波，酌而不竭。既而方广东被，教肄南移。周鲁二庄，同昭夜景之鉴；汉晋两朝，并勒丹青之饰。自兹遗文间出，列刹相望，其来盖亦远矣。至大元世祖时，有喇嘛怕斯八，用千金铸护法嘛哈噶喇，奉祀于五台山，后请移于沙漠。又有喇嘛夏儿把忽秃兔，后移于大元裔察哈尔林丹汗国祀之。我大清宽温仁圣皇帝，征破其国，人民咸归。时有喇嘛墨尔根随载而来，上闻之，乃命众喇嘛往迎以礼，接至盛京西郊，因曰："有护法不可无大圣，犹之乎有大圣不可无护法也。"乃命该部卜地建寺于城西三里许，遂构大殿五楹，塑西方三大圣，左右列阿难迦叶、无量寿、莲花生、八大菩萨、十八罗汉，天棚绘四怛的喇佛城。又有宝塔二座，供佛幡打儿，用黄金百两嵌，东珠金壶一把黄金二百两。又有须弥山七宝八物。又有金壶一把，用黄金二百两。金钟二十一，金银器皿俱全。东西廊各三楹，外山门三楹。至于僧寮禅室、厨舍、钟鼓音乐之类，悉为之备。营于崇德元年丙子岁孟秋，至崇德三年戊寅岁告成，名曰："莲花净土宝胜寺"。殿宇宏丽，塑像巍峨。层轩延袤，永奉神居。岂惟寒暑调，雨旸时若，受一时之福，利将世弥积而功宣，身虽远而名劭，行将垂示于无穷矣。

大清崇德三年戊寅秋八月吉旦立，国史院大学士刚林撰满文，学士罗绣锦译汉文，弘文院大学士希福译蒙古文，道木藏古式译图白忒文。

柳边纪略卷之五

述怀五百字留别吴门诸同学

忆昔居安城，发覆才半额。举止异常儿，父母争怜惜。自谓守青缃，终身寄篇籍。薄有良田畴，东西免怵迫。孰知生不辰，风波荡几席。悲哉我二人，家破投蛮貊。道远八千里，冰坚五六尺。关云片片黄，塞草荒荒白。平生未出门，出门乃蹈踬。不复见中原，焉能得安宅。犹记送行时，舟泊姑苏驿，大母惨不言，仲父相扶掖。宛转就母怀，仓皇竟无策，牵衣哭一声，寸寸肝肠磔。弟妹年更小，但闻语啧啧。我尚无所知，彼亦何足责。仲父养军中，不作沟中瘠。车骑有香囊，仲郎无牙笏。春冬搦管书，秋夏弯弓射。覆巢赖有此，亦足安魂魄。蹉跎八九年，仲父复易箦。故乡未得归，大母垂黄发。极北望我父，血流双眼赤。纵有断鸿飞，奈此重关隔。可怜七尺躯，怅怅何所适。从兹事砚田，长作吴中客。愧乏济川才，又非凌风翮。谬辱诸贤豪，谓可倾肝膈。班荆多赠缟，盘飧或置璧。借以供大母，庶几慰日夕。而乃天不吊，大母溘焉没。客路挽灵车，家山谋窀穸。窀穸复踟蹰，宁忍闻沙碛。恐我父母知，老年伤踊擗。终念此大事，敢用私情格。所赖有季弟，晨昏强宽释。同气有三人，季不离亲侧，大母在堂时，仲亦关东役，嗟予独何人，廿载情空剧，赎罪少黄金，鸣冤须肺石。天子昨南巡，愿以身代谪，銮舆已垂问，鞭挞仍遭斥。自叹一男儿，遇事能擘画，翻不若缇萦，上书传史册。岁月如逝波，转眼已非昔，更不省庭闱，生子诚何益，结束新征衣，包裹旧巾帻。挥手别亲朋，洒泪辞叔伯。萧萧白日寒，渺渺云山碧。谁云道路长，今日乾坤窄。

留别顾景范

少小畏京师，人情苦莫测。今年塞上行，经过一太息。骑驴朝出门，暮归何所得。风尘双眼眯，怵迫徒终日。亲故岂无人，高举不可即。十往九不面，一面有德色。以兹伤我怀，多君用意密。班荆道路间，赠缟复推食。绸缪当未雨，劝诫防差忒。凡意所欲为，莫不弹精力。岂投漆与胶，不必须旧识。亦以久神交，信果俱可必，君诚管乐才，百虑鲜一失。处则比卧龙，出则成羽翼。宾也何所知，终岁但愁疾。骨肉且不保，安能更扪虱。具区千顷波，洋洋近衡泌。七十二高峰，峰峰可种橘。他时入玉门，期君同筑室。灵威迹匪遥，好问长生术。

题沈慎言扇，上画桃，慎言时正出塞

不信元都树，今朝塞上来。枝从毫末辨，花自扇头开。春色飞龙碛，芳名到蜗台。莫愁霜露湿，根柢在蓬莱。

金赤莲、姜日千、沈慎言、朱端士尔登招饮燕山客舍，时余将出塞门，即席赋别

男儿生不得其所，七尺堂堂若腐鼠。蓬头赤脚走边关，扑面黄沙无一语。诸君乃不嫌我真，相逢客舍能相亲。激昂慷慨发上指，高歌击筑旁无人。杂坐班荆燕市口，沉李浮瓜不去手。葡萄架上白日斜，欲起不

起恐被肘。尊中酒是故园来，不饮亦须三百杯。殷勤一片家乡语，谁云此是黄金台。秋风飒飒吹南陌，虎脊河边冰几尺。短衣明日独长征，回首今朝双眼赤。

夜　坐

细雨消残暑，微风送薄凉。秋声干木叶，夜气湿衣裳。冰雪行将至。关山去正长。那堪燕市口，愁坐听鸣螀。

别张丰村，依赠行原韵

庭闱万里隔重关，省觐宁知惨客颜。冰合马嘶杨柳渡，月明人过桦皮山。直因温清离乡国，不是周流好辙环。安得回天君有力，金鸡早放老亲还。

归来行，送友人之延平

闽中之山颇崒嵂，熊罴虎豹如人立。闽中之水极盘涡，上滩下滩蛟龙多。我辈劳生固其职，君亦安能早休息。独念今朝赴七闽，行过家门不得入。若邪溪水浅，綖短亦可汲。云门花木深，鹧鸪啼春日。早归来山田，熟后渔舟出。草阁斜阳粳稻香，烟波细雨纶竿湿。

发燕山

西风干木叶，原野变颜色。征人别所知，去去燕山北。省觐亦其常，我独何逼仄。春明发故园，秋乃辞京国。岂曰哭穷途，蹭蹬至此极。亦以走边庭，徒旅不可得。羽箭逐庄头，腰刀随戍卒。浑脱取其温，驽骀借其力。冰霜不畏寒，崎岖亦可出。继复隔关山，凌风有羽翼。

丰润县逢高丽使者

丰润城西晓色开，方袍一队逐龙媒。道旁人说高丽使，著得先朝旧服来。

望首阳山

垂鞭信马蹄，平沙入孤竹。孤竹传者谁，二子伯与叔。让国久无家，东海留芳躅。岂至采薇时，不食还乡曲。而以首阳名，专号兹山麓。清风讵可攀，庙貌随时俗。俎豆纵千秋，不饱他人粟。我来大道旁，日暮仍驰逐。安得拜衣冠，细摸残碑读。

次榆关

西风吹落木，斜日满群山，白板新官舍，黄榆旧汉关。前车行欲止，我马去仍还。投宿知何处，柴门一水间。

山海关

东海边头万仞山，长城犹在白云间。烽烟不报中和殿，锁钥空传第一关。大漠雪飞埋战骨，南天雨过洗刀环。汉家丰沛今辽左，铁马金戈岁岁闲。

出 关

谁道车书是一家，关门依旧隔中华。已看文字经重译，更裂军缮过五花。草木萧萧归野烧，乾坤漠漠老荒沙。庭闱直在黄龙北，日暮愁听塞上笳。

凄惶岭

山海关前日色昏，风尘况复暗乾坤。不堪更上凄惶岭，双袖横流血泪痕。

姜女祠

凛凛望夫石，上有姜女祠。姜女伊何人，庙貌永不移。风霜透巾帼，冰雪老容姿。乾坤历万劫，血泪犹双垂。守险本在德，长城亦何为。一哭且莫当，安能保边陲。今朝过其下，驱马独迟迟，叹息秦皇帝，不若一蛾眉。

前　卫

一片平沙里，荒荒百雉城。市朝从此变，卫所亦空名。白草翻新屋，黄云压旧营。边庭今不战，无复鼓鼙声。

望海店

辽海出长城，出关已了了。望之欲无遗，莫若兹山好。积水远何极，分流犹浩淼。风翻白日低，浪动乾坤小。南疑析木偏，东觉扶桑晓。蜃楼遇且难，况识蓬莱岛。余本海滨人，少小纵临眺。今日出边庭，乃复行其杪。一苇直可航，鞭石苦不早。安得乘长风，往复如飞鸟。

杏　山

昨日望沧海，飘飘若神仙。今日过杏山，叹息临风前。辽阳多险要，此更其喉咽。同行一老苹，为我语便便。太祖昔建国，铁骑来三千。掘壕困其外，踪迹犹依然。百战仅乃破，流血增平川。杀戮尽鸡狗，谁能保一椽。大刀既已没，指刘铤。好李名空传，指李如松，不见长城坏，万里销烽烟。

小凌河

日暮风萧萧，平沙水淼淼。立马饮长流，凫鸥惊欲起。清澈鉴须眉，曲折游鲂鲤。谁道若耶溪，烟波胜于此。

大凌河

小凌清且浅，大凌莽滔滔。舆梁尚未成，舟楫亦徒劳。不若策驽马，聊试涉波涛。忠信吾所具，执辔何哀号。秋冬河正涸，深不满一篙，但得登彼岸，四顾求其曹。

十三山

辽西岭万里，戴土皆平衍。独有十三山，石骨开生面。削疑斧凿工，画敌丹青善。峰峰插烟霄，缥缈穷万变。崩奔类马驰，离立如人战。或利若金刀，或直若羽箭。云气倏有无，日色递隐见。洞口失金牛，下有金牛洞。潭侧鸣孤雁。上有潭。胡峤记颇详，蔡珪诗亦美。予特过其旁，一一为数遍。

渡辽河

出关数百里，渡河日八九。小者不知名，大者此其右，发源自东北，汨汨西南走。清流可濯缨，浊或泥数斗。荡溢起波涛，触石声如吼。泛滥过平沙，汪洋十余亩。闻道枸柳河，冰坚八月后。今年天亦寒，所遇何独否？独木一扁舟，三人亦可受。篙使横索钱，安能落吾手。浅濑褰裳衣，呀坑没马首。登岸乃独悲，鱼鳖几为友。

老边道中

老边墙外草萧萧，千里风烟合大辽。保障人犹看旧制，提封谁复记前朝。经过妇女多骑马，游戏儿童解射雕。自笑书生行未惯，黄沙扑面已魂销。

次开原县

风卷平沙荐草齐，夫余城上夕阳低。葡萄酒禁谁能醉，苜蓿场空马自嘶。郡县未分威远北，人家多住塔山西。明朝更出条边口，朔雪塞云处处迷。

出威远边门

黄沙漠漠暗乾坤，威远城头欲断魂。芦管一声催过客，柳条三尺认边门。乱山雪积人烟绝，老树风回虎豹蹲。从此征鞍随猎马，东行夜夜宿云根。

火烧岭晓发

边外鸣鸡少，轻装逐塞翁。马行残月下，人语乱山中。须为冰花白，颜因皱瘃红。庭闱犹未达，不敢畏途穷。

叶赫行

柳条边外九十里，叶赫河头道如砥。荒荒草没两空城，一在山腰一近水。同行塞上翁，回鞭指故宫。自云"叶赫王家子，不与寻常六角同。地广兵强称大国，老城本在河东北。前代羁縻三百年，累朝赐出黄金勒。中叶参商兄弟争，操戈没羽伤同室。土地人民自此分，新城更筑南山侧。臂鹰走马刷烟冈，酒醉征歌瓦子堂。可怜国事由宫禁，亡却新城旧亦亡，太祖恩深分左右，一门子姓皆奔走。予父犹能架海青，姓名曾著鹰坊首。鹰坊本未入鹚班，只在长杨五柞间。天潢一派从龙者，谁识王孙旧日颜。五六年来行虎脊，经过每见渐渐麦。老死风尘亦有情，能无对此飞魂魄。"吾闻此语独停鞭，相呼搔首问青天。青天青天胡不言，昔之沧海今桑田。

换车行

冰冻马蹄行不止，历尽千山复千水。边门未出已难堪，况出边门二千里。沈阳城北换柴车，柴车换得无人使。坡坨木石相枝撑，谷口泥淖多呀坑。日日辕摧与毂折，翻云覆雨如人情。人情翻覆乌可识，出门步步行荆棘。涕泪沾巾向北风，但见庭闱死亦得。

孤山道中

小夹河边白日寒，大孤山下路漫漫。波罗叶落云还黑，塔子头烧雪未干。渴向毡墙分乳酪，饥随猎马割獐肝。中原生长何曾惯，处处伤心掩泪看。

次衣儿门

高冈背大道，绝壁面东偏。一溪何曲折，冰下鸣涓涓。上有古今树，俯仰凌苍烟。下有嶙峋石，错落横沙边。塞门多莽莽，独此堪留连。造物若无意，鬼斧胡为穿。因兹念长夏，百鸟鸣其巅。密叶影交覆，疏花开欲然。箕倨赤双脚，科头手一编。人迹且莫到，安得世务牵。管宁既未知，康乐亦寡缘。我独领其要，请为来者传。

捉人行

乌腊城头鼓声绝，乌腊城下征车发。蓝旗堆里晓捉人，缚向旃墙不得脱。君莫怪，从来醉尉不可撄，霸陵夜夜无人行。射虎将军且不放，何况区区万里一书生。

混同江

浩浩此江流，万古争日夜。我来独非时，但见寒光射。雪埋高岸头，沙涨层冰下。顿辔驽马奔，杖策车轮过。自昔戒垂堂，况复骑衡坐。来者纵莫欺，履薄还愁破。东行出塞垣，百川此为大。千山更临江，崩奔争一罅。虎踞与龙蟠，形势良非假。莫漫数金陵，渤海亦其亚。

宿尼什哈站

水经玄菟黑，山过混同青。漫道无城郭，相看有驿亭。糠灯以米糠粘麻秸燃之，名曰糠灯。劳梦寐，麦饭慰飘零。明发骑鞍马，萧萧逐使星。时与驿使同行。

纳木窝稽

跋涉过混同，所历已奇峭。结束入窝稽，一望更深奥。树密风怒号，崖崩石奔跳。阴霾不可开，白日安能照。古雪塞危途，哀湍喧坏道。更无人迹过，惟闻山鬼啸。车驱苦险涩，换马欲前导。霜蹄偶一蹶，流血沾乌帽。魂魄已莫收，童仆徒慰劳。死亦分所当，生岂人所料。但苦历穷荒，庭闱终未到。

自拉发至退屯

穷发谁怜万里身，萧萧尽日逐车尘。山过拉发多松栝，路道窝稽有鬼神。日暮风生闻虎啸，天寒积雪少人行。凄凉不敢回头望，恐为乡关泪满巾。

色齐窝稽

纳木五十里，颇极登顿苦。色齐林更深，未入心已阻。豺狼逐我驰，山鸡向我舞。谷口咆熊罴，松根窜貂鼠。云横道不通，雾黑眼若瞀。幸有凿山人，乃见天一缕。架木度层冈，歇鞍藉茅土。才看日色暝，不觉夜已午。自卫凭野烧，畏惧不敢语。俄顷雪满衣，一一沾徒旅。沍寒手足僵，鞍瘵从此数。釜鬲莫为炊，调饥腹空鼓。冻馁虽切虑，达曙力可努。但得脱窝稽，鸟道吾所取。

宿贺莫索落山中

日落万峰西，荒荒路欲迷。依然成露宿，何必过前溪。野火凭风力，孤群仗马嘶。穷山鸡犬绝，莫听五更啼。

德林石

四臂围德林，廿里平若掌。铁色蚀土花，陶铸一何广。变态极千端，寒光凌万象。玲珑有鬼工，登顿腾异响。洞壑积层冰，草木犹能长。不因车马迟，何由独欣赏。

沙　阑

我行一月余，踏雪亦多薄。今朝过沙兰，群山始玉琢。天时纵不同，地气或非昨。仅乃隔一峰，胡为异南朔。素影动乾坤，寒光射寥廓。白日惨无辉，北风凄更恶。顿辔狡兔惊，扬鞭野鸡落。念彼多伤弓，谓我能猎较。尽日逐平冈，吞毡亦可嚼。四顾勿复悲，中原无此乐。

至宁古塔

望望吉林峰，白云绕其下。登顿及今朝，亦得依亲舍。父母骤相逢，注视还相讶。别时发覆眉，胡乃成老大。邻舍争慰劳，应接苦不暇。姓氏未及知，空言聊相借。日暮细挑灯，恍若梦中夜。喜极乃更悲，不觉泪如泻。

又

上书不得达，生男亦胡为。四十乃一来，对人良可嗤。戏采学老子，挽须愧小儿。西山日已薄，乡国归何时。叹息谓季弟，尔独无分离。承欢廿八载，乐亦安能知。

次韵酬周长卿

黑水城边问老亲，坐中谁是故乡人。辽东俎豆今王烈，江左风流旧伯仁。说到家山空想像，吟成诗句最清真。平生多难伤怀抱，不道逢君更怆神。

又

省觐今朝塞北来，知心漫许出群才。老亲未得归三浙，小子空惭赋七哀。故国衣冠虽不改，边门鼓角定相催。何当日下金鸡赦，作伴同行过誓台。

赠李召林侍御

埋轮都下问豺狼，恸哭何时过乐浪。绝塞人犹怜子庆，中原谁不重张纲。糠灯旧梦依青琐，雪窖新诗满皂囊。宣室他年君自到，谩将浊酒注糟床。侍御颇纵于酒。

又

铁面真能裂白麻，避人谏草世犹夸。天南恨未瞻双戟，漠北谁知共一家。板屋醉时惊膹篍，旍墙雪夜听琵琶。趋庭今日兼陪从，好认青门五色瓜。侍御善种瓜。

次韵答吴子有明府明府楚人

萧萧白发旧为郎，大邑曾夸墨绶长。一自门栽彭泽柳，更无人识令公香。十年俎豆存辽海，万里烟波梦岳阳。莫怨飘零挥涕泪，管宁襦绔本寻常。

赠吴英人使君

短发今朝塞上翁，当年治行是吴公。三边冰雪春愁里，六诏风烟午梦中。皂帽本因时序易，布裙不为道途穷，挹娄城畔谈经典，化俗知君术素工。

随家大人过净公吉林兰若净公浙人

南极开初地，西方变吉林。山围祇树密，江到寺门深。雪白支公马，沙黄长者金。冰崖仙梵响，土室雨花侵。学礼陪游从，闻香度碧岑。赞公甘放逐，惠远爱招寻。茶碗忘天目，清谈见道心。金篦如不惜，敢复叹升沉。

至　日

今年学礼过庭闱，此日相看静掩扉。风俗穷荒何处好，飘零尽室几时归。曾无梅蕊春前放，谩说葭灰夜半飞。片片冰花堆雪窖，还添弱线补寒衣。

己巳除夕

除夕年年血泪流，今年今夕亦何求。老亲纵未邀恩赦，绝域犹堪舞敝裘。茅屋桃符仍旧俗，瓦盆麦酒是新刍。欢呼不觉陶然醉，忘却家乡万里愁。

人日陪家大人、周长卿过李召林侍御

绝塞逢人日，随行过柏台。可怜围毳帐，犹自说蓬莱。生菜盘中得，冰花胜里开。故园何处是，醉里更衔杯。

宁古塔杂诗

石砬围平野，河流抱浅沙。土城惟半壁，茅屋有千家。泣月天边雁，悲风塞上笳。老亲忠信在，不减住中华。

二

北行犹有塞，东去更无边。校尉乘虚幛，阿机欲受廛。马闲秋草后，人醉晚风前。莽势空齐曲，逍遥二千年。

三

黑水新城近，黄龙旧府遥。宁古塔，唐时为黑水府。家传肃慎矢，虎儿哈河滨，时得楛矢，人多宝之。人暖挹娄貂。残雪埋松塔，松子蔀，人呼为塔。微风变柳条。春明二三月，也复种青苗。

四

辽金曾建号，唐宋亦经过，旧迹残碑少，荒城蔓草多。三韩迷姓氏，五国失山河。绝域无文献，苍茫发浩歌。

五

化城开石壁，灯火出林微。不见乘杯渡，远看卓锡归。闲云埋土室，古佛钓渔矶。佛像为阿机钓者所得。怪底经行处，天花片片飞。

六

城郭沙阑口，荒荒草木秋。地连三万卫，名是五云楼。五云楼在金上京城。智井填银瓮，春耕响玉钩。千年余王气，今日未全收。

七

山川盘地轴，草木亦多宜。旧塞黑榆树，官山紫桦皮。桃花水似锦，桃花水，果名。香蓼菜如丝。谁道穷边外，年年春到迟。

八

土产参为最，今时贡帝京。营州非旧种，上党亦空名。碧叶翻风动，红根照眼明。最佳者曰红根。人形品绝贵，闻说可长生。

九

更有诸珍异，宁随草木枯。浅沙埋赤玉，老蚌出东珠。稗子贫家少，稗子在五谷上。山儿菜名到处无。怪来水土变，今日此陪都。

十

八月松花冻，家家打角鹰。山边张密网，树底系长绳。拦虎金眸疾，屠龙玉爪能。拦虎、屠龙皆鹰号。海青如便得，万里会骞腾。

十一

笑语乡音杂，衣冠上下同。十年乘堡障，一半是王公。辛苦头多白，沙尘眼易红。莫因迁闾左，错比五陵东。

十二 阙

十三

三十年前事，儿童见者稀。天寒曳护腊，革履名。地冻著麻衣。贵人乃絮麻衣御寒。雪积扒犁出，雪中运木之车，曰扒犁。灯残猎马归。只今风俗变，一一比皇畿。

十四

迟日争游宴，豪家直一金。不嫌几席少，偏爱酒杯深。风俗夸卢橘，人情厌海参。浑忘绝塞苦，醉里即狂吟。

十五

年少新丰客，翩翩亦自豪。围基群赌墅，叶子日分曹。果下高丽马，腰间大食刀。可怜编卒伍，万里驾风涛。流人子弟，尽充爱浑水手。

十六

都护屯兵处，传闻驿几重。沙边钽白草，雪里试青龙。船名。鱼海何时到，狼居自古封。谁云枯万骨，王祭肯全供。

十 七

俗亦厌贫贱，不复重冠裳。贩鬻皆程郑，生涯半彦方。参貂口外得，牛马谷中量。翻怪中原弱，穷愁遍八荒。

十 八

闻说羁縻国，西去绝可怜。冰天鱼作服，陆地狗行船。黑斤、飞呀喀皆以船任载，以狗驾辕。披发环穿鼻，文身耳压肩。由来桑梓地，不是信张骞。

十 九

少主和亲惯，乘舆出塞门。如何经故土，亦是嫁乌孙。雕屋三春雪，糠灯万里魂。琵琶谈绝调，夜夜泣黄昏。

二 十

称藩虽渐广，文字尚无凭。近塞能书木，削木书之，名曰牌子。临江但结绳。随事大小，结绳于腰。冠裳今亦改，风俗旧相仍。岁岁愁衣食，春来早凿冰。

上元曲

谁道今宵是上元，城头画角不闻喧，相看独有天边月，万里迢迢照塞门。

二

皂帽蒙头犯朔风，醉中踏月过城东。无端猎火原头烧，错认龙灯挂碧空。

三

夜半村姑著绮罗，嘈嘈社鼓唱秧歌。汉家装束边关少，几队口儿簇拥过。

四

剪纸为灯号牡丹，西关爆竹似长安。谁家年少黄金勒，醉里垂鞭处处看。

五

销金罗帕粉花香，蟒幅齐肩锦绣装。百病年年行走惯，阿谁打滚到沙场。

柳边纪略跋

卢龙塞外，前人纪载寥寥。自辽金迭兴，复为本朝发祥之基，规制渐备。而文人墨客，迁流其地，亦有能道其风土者，然未有条分缕晰，如大瓢先生者也。先生万里省亲，九死一生，卒能团聚骨肉，负骸归葬，非纯孝格天，何以能是！《自序》谓或得附洪忠宣《松漠纪闻》后。迢迢千载，一忠一孝，洵堪比美。阅是编者，毋视为山经地志流也。

壬寅季春　吴江沈　槑惠识

柳边纪略要目

宁古塔纪略

吴江　吴振臣　南荣　　著

吉林　杨立新　　　整理

宁古塔纪略序

桐城方与三尝作其旋堂诗古律数十首，各系小序，述宁古塔风土甚备，译以国语，情状历历。与三以乃弟科场事株连徙塞，赎锾得返。余于辛亥年见之于雪滩翁所，吴汉槎先生为之序。阅六七载，汉槎之《秋笳集》始寄归，昆山司寇公为刊本行世，更以所著《长白山赋》进呈御览，并辇下诸故人大僚，醵赀代为之赎，遂得以辛酉入塞抵家，迟与三之归者十年。汉槎归甫四年疾卒，迄今辛丑又四十年，而令嗣南荣复以所作《宁古纪略》示余，几万余言。首尾叙述两尊人出塞入塞始末，己身生产塞外，诸妹、仆从、亲友同患难，流落扶携之状可悲可涕，并统辖将吏恩遇优礼，诸故旧登朝怜才念旧，之死而致生之，所叙己身居三之一，大半乃多述土风。目之所遭，地之所有，所谓寒风如刀，热风如烧，大于舟之鱼，大于屋之木，榛榛狉狉，荦荦确确，固不可以中土之境求之殊绝之域，亦不可以古人所称道概之今日所见闻。凡草木、鸟兽、被服、饮食、制作、生殖、礼俗、事为，往往与其旋堂景象若合符辙。昔洪忠宣课《松漠纪闻》，以奉使至金朝上京，所谓土风三四条，盖耳闻而非身历。今天子函盖六合，宅都燕台，宁古、松漠实王气发祥之地，若居丰镐而回视生民沮泽、陶复、陶穴，盖先公不窋窜居之境土也。曰其旋，曰苏还，越鸟南枝。其人虽已言归故里，而所谓课述奇瑰，洞心骇目，行见著作之庭，修国史者，将有取乎此焉。

时康熙六十年辛丑九月石里张尚瑗拜序

宁古塔纪略

吴江　吴桭臣　南荣　著

　　我父汉槎公遭丁酉科场冤狱，遣戍宁古塔以顺治戊戌八月出塞。我母葛孺人日夕悲哭，必欲出塞省视，而以舅姑在堂，两女稚弱，不敢显言，我大父燕勒公[①]微知其情，以我父孤羁天末，既无赎罪之资，而又孑身无可依恃，我母既毅然肯行，哀而壮之，遂为料理出塞计。以大姊许字吴郡俊三杨公长子岵瞻，二姊就昆山李氏姨抚育。庚子冬，自吴江起行，遣家人吴御及沈华夫妻同送我母至宁古塔。辛丑二月初五日到戍所，甲辰十月十四日寅时生予，命名曰桭臣，以大父庚辰甲科而予甲辰生也。小字苏还，取往还故里之意，且以苏属国相况。康熙己酉十二月二十九日生三妹，甲寅十月二十四日生四妹。字曰南荣。

　　宁古在大漠之东，过黄龙府七百里，与高丽之会宁府接壤，乃金阿骨打起兵之处。虽以塔名，实无塔。相传昔有兄弟六人，各占一方。满洲称“六”为“宁古”，个为“塔”，其言宁古塔，犹华言六个也。有木城两重，系国朝初年新迁，去旧城六十余里。内城周二里许，只有东、西、南三门，其北因有将军衙署，故不设门。内城中惟容将军、护从及守门兵丁，余悉居外。城周八里，共四门，南门临江，汉人各居东西两门之外。予家在东门外，有茅屋数椽，庭院宽旷，周围皆木墙，沿街留一柴门。近窗牖处俱栽花树，余地种瓜菜，家家如此，因无买处，必需自种。后因吴三桂造逆，调兵一空，令汉人俱徙入城中，予家因移住西门内。内有东西大街，人于此开店贸易。从此人烟稠密，货物客商，络绎不绝，居然有华夏风景。

予父惟馆谷为业，负笈者数人，诸同患难子弟。为陈昭令、叶长民、孙毓宗、毓章、许丙午、林丙午、沐中贞、田景园及吕氏昆季。

予二岁时，副都统因大将军病，发令箭遣予父及钱德惟年伯立刻往乌喇地方。此时天寒地冻，雪深四尺，又无牛车帐房。赖孙许两家协力相助，乃得起行。初六日黎明登车，山草尽为雪掩，艰苦万状。一车所载，不过三百斤，牛料、人粮，重有百斤，人口复坐其上，除被褥之外，一物不能多带。行至百里，人牛俱乏。又赖湖州钱方叔复借一牛车，沈华及吴御始免步行之苦。至第三日，将军复命飞骑追回。倘再行两日至乌鸡林，雪深几丈，人牛必皆冻死矣。

予五岁始就塾读毛诗。时逻车国人造反又名老羌，到乌龙江黑斤诸处抢貂皮，锋甚锐。其国在大洋东，相去万里。所产多罗绒，漆器最精。人皆深眼高鼻，绿睛红发，其猛如虎，善放鸟枪。有名西瓜炮者，其形如西瓜。量敌营之远近，虽数里外，必到敌营始裂，遇者必死。满洲人皆畏之。将军上疏求救，即奉部檄，凡流人随旗下及年逾六旬者一概当役。选二百名服水性者为水军，习水战。又立三十二官庄，屯积粮草。令一到，将军即遣人请绅衿到署，面谕云："养汝辈几年，念汝辈俱有前程，差徭不以相累。今边警出意外，上命急，公现有水营、庄头、壮丁三件事，随汝意自认一件，三日后具覆，是即我法中之情。"时闻令诸公皆相向流涕，将军亦为凄然。将军又云："惟认工可代。"于是各认工。命父认太常寺衙门。此二月初三日事也。山阴祁奕喜、李兼汝、杨友声，宜兴陈卫玉，苏州杨骏声，同年伍谋公，皆当水手，以二月十一日往乌喇。二三年后，予家无力认工，逻车国亦讲和，复得部文，俱以绅衿例优免。往乌喇戍者亦得回宁古。惟官庄之苦，至今仍旧。每一庄共十人，一人为庄头，九人为庄丁，非种田即随打围、烧炭。每人名下责粮十二石，草三百束，猪一百斤，炭一百斤，石灰三百斤，芦一百束。凡家中所有，悉为官物。衙门有公费，皆取办官庄，其苦如此。

余窗友陈昭令者，父钟爱之。因在官庄万无出身之日，我父言于将军，称其精通满汉文理，将军即用为官庄拨什库，总三十二庄。后复兼管笔帖式事，办事勤能，不数年遂得实授八品笔帖式。后将军调艾浑，随行。又数年，升山西太原府阳曲县丞。盖流人无选内地之事，部凭忽到，同流者皆以昼锦相贺。昭令喜极转生忧惧，乃赴部问明。时熊赐履为冢宰，以为八品笔帖式不宜选县丞，当得彼处驿站章京，即留凭不发。于是昭令叩头固请，终不可得。大概久沉渊底，无升天之望。其可悲悼如此。

予七岁，镇守巴将军聘吾父为书记，兼课其二子。长名额生，次名尹生。予及固山乌打哈随学。予及巴公长子昼则读书，晚则骑射。各携自制小箭一二十枝，每人各出二枝，如聚五人，共箭十枝，竖于一簇，远三十步，依次而射，射中者得箭。每以此为戏。

予曾于六月中檐下遘一蛇，长三四尺，以小刀断为三、四，顷刻即连；又断四、五，复即如旧，行更速；再断之，每段用木夹掷墙外，有悬于树上者，始不能连。后有识者，云此即续弦膏。弓弦断处，以此膏续之，胶固异常，虽用之积久，他处断而接处不断，乃无价宝也。甚为惜之。

予十四岁，我父为聘叶氏讳之馨字明德之女。叶公祖籍四川重庆府之巴县，甲午解元，任云南大理府理刑，与吴三桂忤，流窜宁古。在徙所为镇抚推重。妇兄名恺，字长民。癸亥奉赦，长民送两大人骸骨归蜀，复入籍奉天。有子四，长名珍文，丙子北闱；次名珆文，太学生；三名玺文，奉天府学生；四名璿文。此系患难亲戚，儿辈不可忘也。

当我父初到时，其地寒苦。自春初至三月，终日夜大风如雷鸣电激，尘埃蔽天，咫尺皆迷。七月中有白鹅飞下，便不能复飞起，不数日即有浓霜。八月中即下大雪。九月中河尽冻。十月地裂盈尺，雪才到地，即成坚冰。虽白日照灼不消。初至者必三袭裘，久居则重裘可御寒矣。至三月终冻始解，草木尚未萌芽。近来汉官到后，日向和暖，大异曩时。满洲人云："此暖是蛮子带来。"可见天意垂悯流人，回此阳和也。

南门临牡丹江[②]，江发源自长白山。西门外三里许有石壁临江，长十五里，高数千仞，名鸡林哈答。古木苍松，横生倒插；白梨红杏，参差掩映。端午左右，石崖下芍药遍开。至秋深，枫叶万树，红映满江。江中有鱼极鲜肥而多，有形似缩项鳊，满名发禄，满洲人喜食之，夏间最多。予少时喜钓，每于晡夕持竿垂钓，顷刻便得数尾而归。又有一种生于江边浅水处石子下者，上半身似蟹，下截似虾，长二三寸，亦鲜美可食，名哈什马。今上祭太庙，必用此物。亦有鲟鳇鱼，他如青鱼、鲤鱼、鳊鱼、鲫鱼，其最多者也。

有僧名静今者，亦江左人，因事戍此，建一观音阁于崖下。夏秋时，迁客骚人多往游焉。冬则河水尽冻，厚四五尺，夜间凿一隙如井，以火照之，鱼辄聚其下，以铁叉叉之，必得大鱼。

上常于冬至前后遣人取鱼，亦以此法。因宁古鱼之肥美，实异于他处耳。

石壁之上，别有一朗冈，即宁古镇城进京大路。一百里至沙岭。第一站有金之上京城，临马耳河，宫殿基址尚存，殿前有大石台，有八角井，有国学碑，仅存天会纪元数字，余皆剥蚀不可辨识。禁城外有莲花石塔，微向东敧。塔之北有石佛，高二丈许。又有荷花池，长数里。东门外三里有村，名觉罗，即我朝发祥地也。自东而北而西，沿城俱平原旷野，榛林玫瑰，一望无际。五月间玫瑰始开，香闻数里。予家采为玫瑰糖，土人奇而珍之。有果名"衣而哈目克"，形似小杨梅，而无核，味绝佳，草本红藤，生杂草中。又有果名"乌绿粟"，似橄榄，绿皮小核，味甘而鲜。又有果名"欧栗子"，似樱桃，味甘而酸，俱木本小树。而梨子虽小，味极美。梨与葡萄做酒，色味俱精。此二种，内地所无者也。山查大而红，亦为糕。予家常食榛子腐、松子糕，不觉其珍也。产人参，尔时多贱，竟如吾乡之桃李。草本方梗，对节生叶，叶似秋海棠。六、七月开小白花，八月结子，似天竹子。生于深山草丛中，较他草高尺许。土性松，掘数尺不见泥，若朽烂树叶。以八、九月间者为最佳。生者色白，蒸熟辄带红色。红而明亮者，其精神足，为第一等。今之医家俱以白色者为贵，名为京参。又谓其土不同，故有此二种，大谬。凡掘参之人，一日所得，至晚便蒸，次早晒于日中。晒干后，有大有小，有红有白，并非以地之不同，总因精神之足与不足也。故土人贵红而贱白。蒸参之水，复以参梗叶同煎收膏，膏味亦与参味同。人参子煎汤，难产者服之即生。但参在本地服之不能见效，予父初到宁古时，以参半斤煎服，反泻半日，不可解晓也。产黄精、桔梗、五味子及鸡腿麻菇，木耳、真经莱，极多而肥。

东山名"商阳哈答"，极高峻，在对江，石壁插于江中，水极深，鱼极多。此山最深远，向出参貂，今则取尽矣。惟松树最多，树子采之不尽，再东三百里名"衣朗哈喇"，今设土城，有官守，与金时五国城相近，略存其形而已。又东北五六百里为"呼儿喀"，又六百里为"黑斤"，又六百里为"非牙哈"，总名乌稽鞑子，又名鱼皮鞑子，因其衣鱼皮、食鱼肉为生，故名。其人不知岁月，不知生辰。死以片锦裹尸下棺，以木架插于野，置棺于架上，俟棺木将朽，乃入土。其地不产五谷，出鱼及貂皮、玄狐、黄狐、海骡、黄鼠、灰鼠、水獭。近混同江，江中出石砮，相传松脂入水千年所化，有纹理如木质，绀碧色，坚过于铁，土人用以砺刃，名为"昂威赫"，即古肃慎氏所贡楛矢石砮是也。予父携归示诸亲友，王阮亭载之《池北偶谈》中。水中产五色石，如玛瑙，用以取火绝佳。每岁五月间，此三处人乘"查哈"船，江行至宁古南关外泊船，进貂。将军设宴，并出户部颁赐进貂人袍、帽、靴、袜、鞓带、汗巾、扇子等物，各一捆赐之。每人名下择貂皮一张，玄狐全黑者不可多得，一岁不过数张，亦必须进上，余听彼货易。所赐之扇不知用，汉人以零星物件易之。其人最喜大红盘金蟒袍及各色锦片妆缎。其所衣鱼皮极软，熟可染，喜五色糯米珠并铜钱响铃缝于衣旁，行动有声。彼此称呼曰"安答"。黑斤人留发梳髻，耳垂大环四五对，鼻穿小银环。所产貂皮为第一。富者多以雕翅盖屋，貂皮为帐为裘，玄狐为帐，狐貉为被褥。"非牙哈"亦留发，男妇不著裤，耳垂大环，鼻穿小环。所产貂皮略次。以桦皮为船，止容一人，用两头桨。如出海捕鱼，则负至海边，置水中。遇风便归。呼儿喀则剃头，男人戴环者少。所产貂鼠为次，惟黄狐、黄鼠、鱼肉干颇佳。此三处俱无官长约束，为人愚而有信义。有与店家赊绸缎蟒服者，店主择黑貂一张为样，约来年照样还若干，至次年必照样还清。有他故亦必托人寄到。相去千里，又非旧识，而不爽约如此。又勇不畏死，一人便能杀虎。今上爱其勇，赐以官爵，时以减等流徙者赐之为奴。如是者数年，令从呼儿喀迁至宁古，又迁至奉天。又二年，则令入都。今名衣扯满洲者即此也。满语谓新为衣扯，犹云新满洲也。满书译为衣扯，曰义气者，汉音之讹也。赐以官爵亦不知贵，将军尝谓有爵者曰：今已有官，须学礼仪，一体上衙门。次日有官者约同齐到，有戴笠者，有负叉袋者，有跣足者。见者无不大笑。将军命坐，即以叉袋垫地而坐。虽衣大红蟒袍，其叉袋仍负于背不稍去，以便于买物也。后命进京，有不愿者听归本土。一日，数百家聚于郊外送别，哭声震天，男妇相抱亲脸，唧唧有声，以此作别。近于都中见之，大非昔比，礼貌言谈，亦几与满汉无异矣。

北山离城十里，重岩叠嶂，古树丛密，城内人家俱于此樵采。城之西北十余里，名额富里，又六十里即旧城，临河。河内多蚌蛤，出东珠极多，重有二三钱者。有粉红色，有天青色，有白色。非奉旨不许人取，禁之极严。有儿童浴于河得一蚌剖之，有大珠径寸，藏之归。是夕风雨大作，龙绕其庐，舒爪入牖，攫取其珠而去，风雨顿止。西则一朗冈，木丹沙岭，村庄颇多。江之南有索儿河溪、噶什哈必儿汀。此处水极深，上有崇崖插天，其地背阴，日光不到，虽亭午亦不甚明爽。然一至夜转有光照石壁，石壁皆红，土人甚异之。忽一日渔人捕一青鱼，大盈车，载以入城。江右徐定生以青布一疋易之。先取鱼首煮之，既熟，剖得红色珠，大如弹丸，红光犹寸许。鬻之得百金。后闻携至京师，复为某王所得，偿以二千金。此后石岩昏黑无光矣。江中往来俱用独木船，名"威呼"。凡各村庄，满洲人居者多，汉人居者少。凡出门不赍路费，经过之处，随意止宿，人马俱供给，少陵所谓马有青刍客有粟也。如两人远出，年幼者服事年长者；三人同行，则最幼者服侍其稍长者，亦公然坐而不动。等辈彼此称呼曰阿哥，有呼名者，称年高者曰马发，朋友曰姑促，父曰阿马，母曰葛娘，大伯曰昂邦阿马，叔曰曷克赤，子曰济，女曰叉而汉济，甥曰济颂即哈，夫曰畏根，妻曰叉而汉，男人曰哈哈，女人曰赫赫，兄曰阿烘，弟曰多，嫂曰阿什，姊曰格格，妹那，小厮曰哈哈朱子，丫头曰叉而汉朱子；好曰山音，不好曰曷黑；吃饭曰不打者夫，吃肉曰烟立者夫，吃酒曰奴勒恶米，吃烧酒曰阿而乞恶米；读书曰必帖黑呼辣米，射箭曰喀不他米；书曰必帖黑，笔曰非口，墨曰百黑，纸曰花伤，砚曰砚洼；金曰爱星，银曰蒙吾，钱曰济哈；水曰目克，木曰木，土曰鳖烘，火曰托，炭曰牙哈；有曰毕，无曰阿库，是曰音唶，不是曰洼喀；富曰拜央，穷曰呀打，人曰亚马，坐曰突，立曰衣立，行曰弗立米，走曰鸦波，睡曰得多蜜，去曰根呐蜜，来曰朱；要曰该蜜，不要曰该辣库；小曰阿即格，大曰昂邦；买曰乌打蜜，卖曰温嗟蜜，两曰央；一曰曷木，二曰朱，三曰衣朗，四曰封音，五曰孙查，六曰佞我，七曰那打，八曰甲工，九曰乌永，十曰壮，百曰贪吾，千曰铭牙，万曰土墨；貂皮曰色克，人参曰恶页诃打。流人间有逃归者，人遇之亦不告，有追及者，讳云自返，亦不之罪，大率信义为重。路不拾遗，颇有古风，今则不能矣。最善于描踪，人畜经过，视草地便知，能描至数十里，但一经雨便失之矣。有草名乌腊草，出近水处，细长温软，用以絮皮鞋内，虽行冰雪中，足不知冷。皮鞋名乌腊。土谚云：宁古三样宝，指人参、貂皮、乌腊草也。所产之物俱异于他处，香瓜极香甜，夏日尽饱，无破腹之患。冬日食油腻及饮冷水亦然，所以各处流客无不服水土者。我父素羸弱，到彼精神充足。其水人称为人参水。地极肥饶，五谷俱生，惟无稻米。四月初播种，八月内俱收获矣。农隙俱入山采樵，以牛车载归，足来岁终年之用乃止。雪深冰冻，则不用车，因冰滑故用扒犁，似车而无轮，仍驾牛，在冰地上行，速而且稳。暇则采松子并取火绒。绒生于木瘿中，取之可盈掬，微黄色，可以引火，其臭颇香。或开窑烧炭，或伐大树作器用。无瓦器，其盏、碟、盆、盌、澡盆之属，俱以独木为之。油用苏子油，似吾乡之紫苏子也，亦有麻油，稍贵。无烛，点糠灯。其制以麻梗为本，苏子油渣及小米糠拌匀粘麻梗上，晒干，长三四尺，横插木架上，风吹不息。不知养蜜蜂，有采松子者，或采樵者，于枯树中得蜂窠，其蜜无数，汉人教以煎熬之法，始有蜜有蜡。遇喜庆事，汉人自为蜡烛，满洲人亦效之，然无卖者。大小人家做黄齑汤，每饮用调羹不用箸，调羹曰差非，又曰匙子。吃碗菜乃用箸，箸曰叉不哈，碗曰麽乐。出门者腰带必系小刀、匙子袋、火连袋、手帕等物。小刀曰呼什，火连曰鸦他库，袋曰法拖，手帕曰封枯。

盐取给于高丽之会宁府，离此七百里，衣冠皆古制，以江为界。宁古界云树参天，高丽界白沙漫草，相望里许，无故禁往来。每于十月，奉命到彼买盐，并货易牛、马、纸、笔、扇、铁、稻米等项。稻米至宁古每升须银二三钱，惟宴客用之。宁古西南地名红旗街，与高丽接壤，颇近海，今设官府，此处出海参为第一等。

房屋大小不等，木料极大，只一进，或三间五间，或有两厢，俱用草盖。草名盖房草，极长细。有白泥，泥墙极滑，可观，墙厚几尺，然冬间寒气侵人，视之如霜。屋内南西北接绕三炕，炕上用芦席，席上铺大红毡。炕阔六尺，每一面长二丈五六尺，夜则横卧炕上，必并头而卧，即出外亦然。橱箱被褥之类俱靠西北墙安放。有南窗、西窗，门在南窗之旁，窗户俱从外闭，恐夜间虎来易于撞进。靠东壁间以板壁隔断，有南北二炕，有南窗即为内房矣。无椅杌，有炕桌，俱盘膝坐。客来俱坐南炕，内眷不避。无作揖打恭之礼，相见惟执手，送客垂手略曲腰。如久别乍晤，彼此相抱，复执手问安。如幼辈，两手抱其腰，长者用手抚其背而已。如以右手抚其额点头，为拜。如跪而以手抚额点头，为行大礼。妇女辈相见，以执手为亲，拜亦偶耳。除夕幼辈必到长者家辞岁，叩首，受而不答。等辈同叩。元旦城门必严列旌旗弓矢，以壮威武。家家必于半夜贺岁，如迟至午便为不恭矣。满洲人家歌舞名曰莽式，有男莽式、女莽式。两人相对而舞，旁人拍手而歌，每行于新岁或喜庆之时。上于太庙中用男莽式礼。

凡大小人家庭前立木一根，以此为神。逢喜庆疾病则还愿，择大猪，不与人争价，宰割列于其下，请善诵者名叉马，向之念诵。家主跪拜毕，用零星肠肉悬于木竿头。将猪肉头足肝肠收拾极净，大肠以血灌满，一锅煮熟，请亲友列炕上。炕上不用桌，铺设油单，一人一盘，自用小刀片食，不留余，不送人。如因病还愿，病不能愈，即将此木掷于郊外，以其不灵也。后再逢喜庆疾病，则另树一木。有跳神礼，每于春秋二时行之。半月前酿米儿酒，如吾乡之酒酿，味极甜。磨粉做糕，糕有几种，皆略用油煎，必极其洁净。猪羊鸡鹅毕具，以当家妇为主，衣服外系裙，裙腰上周围系长铁铃百数，手执纸鼓敲之，其声铿铿然。口诵满语，腰摇铃响，以鼓接应。旁更有大皮鼓数面，随之敲和。必西向，西炕上设炕桌罗列食物，上以线横牵，线上挂五色绸条，似乎祖先依其上也。自早至暮，日跳三次。凡满汉相识及妇女必尽相邀，三日而止，以祭余相馈遗。清明扫墓，富贵者骑马乘车，贫贱者将祭品罗列炕桌上，女人戴于头上而行。虽行数里，不用手扶，而自不倾侧，即平日米粮箱笼俱以头戴。有疾病，用草一把悬于大门，名曰忌门。虽亲友探望只立于门外问安而去。遇婚丧喜庆等事，无缄帖，无鼓乐，无男女傧相。订婚时，父率子同媒往拜妇之父母，次日女之父亦同媒答拜。行聘名曰下茶，俱用高桌，如吾乡之官桌，上铺红毡，茶果、绸缎、布疋仍用盘放桌上，多至数十桌，贫富不等。羊酒必需，嫁时装奁如箱匣、镜台、被褥之类，亦置高桌上，两人扛之。娶亲用轿车，仍挂红绿绸，妇入门只拜公姑，无交拜礼，如汉人请亲戚扶新人行礼。满洲人家喜筵宴，客饮至半酣时，妇女俱出敬酒，以大碗满斟，跪于地奉劝，俟饮尽乃起。生子满月下摇车，如吾乡之摇篮，其制以筛扳圈做两头，每头两孔，以长皮条穿孔内，外用彩画并悬响铃之类，内垫薄板，悬于梁上，离地三四尺，用带缚定小儿，使不得动。哭则乳之，不已则摇之，口念巴不力，如吾乡之嘎啒啒也。丧事将入殓，其夕亲友俱集，名曰守夜，终夜不睡，丧家盛设相待，俟殓后方散。七七内必殡，火化而葬。棺盖尖而无底，内垫麻骨、芦柴之类，仍用被褥，以便下火。父母之丧，一季而除，以不剃头为重。

春秋二季，将军令兵丁于各门城上，晨夕两时吹筛，声闻数里。冬至令兵于各山野烧，名曰放荒，如此则来年草木更盛。又每岁端午后，派八旗拨什库一人，率领兵丁几名，将合宁古之马，尽放于几百里外有水草处。马尾上系木牌，刻某人名，至七月终方归。此时马已极肥，俱到衙门内各认木牌牵回。四季常出猎打围，有朝出暮归者，有三两日而归者，谓之打小围。秋间打野鸡围，仲冬打大围，按八旗排阵而行，成围时无令不得擅射。二十余日乃归。所得者虎、豹、猪、熊、獐、狐、鹿、兔、野鸡、雕羽等物。猎犬最猛，有能捉虎豹者。虎豹颇畏人，惟熊极猛，力能拔树掷人。野鸡最肥，油厚寸许，辽东野鸡颇有名，然迥不及矣。每一猎，车载马驮不知其数。鹰第一等名海东青，能捉天鹅，一日能飞二千里，又有白鹰、芦花鹰，俱极贵重，进上之物。余则黄鹰、兔虎鹘子亦皆猛于他处。有雕极大而多，但用其翎毛为箭。

每于三年后，将军出示，无论满汉，其未成丁者，俱到衙门比试，名曰比棍。以木二根，高如古尺五尺，上横短木，立于将军前，照册点名，于木棍下走过，适如棍长者，即注册披甲，派差食粮。如不愿者，每岁出银六两，名曰当帮。辛酉三月，予比棍已合式，将派差矣，予父言于将军乃止。是岁乌喇将军忽遣人邀予父，将以为书记，兼管笔帖式及驿站事务。订于九月中合家迁往乌喇,颇以为喜。会七月内还乡诏下,乃不果。八月十八日为予娶妇叶氏,氏贤而孝,两大人甚爱之。遂理归装,饮饯无虚日,皆相持哭失声,不忍别。至九月二十日起行,将军遣拨什库一人、兵八名护送,又发勘合,拨驿车二辆、驿马二匹及饮食等项,按驿供给更换。亲戚之内眷送至一朗冈而别,亲友及门俱送至沙岭,聚谈彻夜,至晓分手。我父哭不止,策马复追二十余里,再聚片时而回。患难交情,如此之深也。次日经过石头甸子。石质相连不断,阔三十里,东西长三百余里,其底嵌空玲珑,车马行动有声,冰泮时下有流渐潺湲,亦一奇也。第二站名鳖而汉鳖腊。第三日进大乌稽,古名黑松林,树木参天,槎枒突兀,皆数千年之物。绵绵延延,横亘千里,不知纪极。车马从中穿过,且六十里。初入乌稽,若有门焉,皆大树数抱环列两旁,洞洞然不见天日,惟秋冬树叶脱落则稍明。凡进乌稽者,各解小物悬于树上以赠神。予父带有同年镇江张升季年伯骸骨并其女还姐归乡,车马至此不前,鞭之亦不行。予父觉有异,乃下马向空再拜默祷,即行动如初,无不惊异,因念古人建立坛壝,必种松柏以为神所依凭,今可识其非虚渺矣。其中多峻岭巉岩,石径高低难行,其上鸟声咿哑不绝,鼯鼪狸鼠之类,旋绕左右,略不畏人。微风震撼,则如波涛汹涌,飕飕飒飒不可名状。予父同内眷由正路行,予则同护送诸人由侧路打猎,所获颇多。是夕宿于岭下,帐房临涧,涧水淙淙然,音韵极幽闃。兵丁取大树皮二三片,阔丈余,放于地上,即如圈蓬船,尽可坐卧。拾枯枝炊饭,并日间所得獐鹿,烧割而啖,其余火至晓不绝。迨夜半怪声忽起如山崩地裂,乃千年枯树忽焉摧折也,至今思之,犹觉心悸。第四站名昂邦多红,第五站名拉发,穿过小乌稽,经过三十里,情景亦相似。第六站名厄黑木。第七站名泥湿哈。十里渡松花江,源亦发自长白山,通黑龙江、墨而根、爱珲等处，总归于混同江。乌喇有船厂，造大船往来诸处，故又名船厂。有将军镇守，本宁古将军调此，即前与予父有书记之约者。留数日更换勘合，如前护送。乌喇第一站名苏通，第二站名衣而门，第三站名双羊河，第四站名一巴旦，第五站名大孤山，第六站名黑而素，第七站名野黑，第八站名棉花街，四十里至乌远堡，即柳条边。柳条边垂杨数百里，系前朝所种，以隔中外。今仍有章京守此，盘诘往来，亦要害地也。又十五里至开原站，又十五里至开原县，又五十五里至高丽站，又十五里至铁岭县，又六十里至驿路站，又七十里至奉天府。时奉天将军即丁酉刑部江南司问官，当时极怜我父之才，闻我父将至，遣人至柳条边迎候，至奉天遂留半月余，亦更换勘合，照前护送。奉天府第一站，六十里至老边站，四十里至白澡流河，四十里至白旗堡站，七十里至二道井子，五十里至小河山站，为广宁县。十五里至广宁站，三十里至闾阳驿③，四十里至石山站，三十里至大陵河，四十里至锦州府，六十里至高桥站，六十里至宁远州，六十里至东关站，六十里至凉水河站，八十里至山海关。山海关即秦之长城第一关也。城高而厚，南入海四十里。北面大山多极其高峻，城则随山高下而筑。关门向东大路有一岭，出关者称为凄惶岭，入关者称为欢喜岭，岭下有孟姜女庙。是夕宿于岭下。两大人各述当时出关景况，今得到此，真为欢喜。明日进关，气象迥别。又七日至京师，与亲友相聚，执手痛哭，真如再生也。

凡宁古山川土地，俱极肥饶，故物产之美，鲜食之外，虽山蔬野蕨无不佳者。皆无所属，任人自取。其绅士在彼者，俱照中国一例优免，与尚阳堡流徙者不同。盖世祖皇帝念宁古苦寒，特开此恩例。凡流人至者，或生理耕种，各就本人所长，而我父惟知读书，别无所晓，幸同社诸公，皆至大位，时时寄与周济，乃不窘乏。宁古去京四千里余，冬则冰雪载道，其深丈余，其寒令人不能受，夏则有哈汤之险数百里，俱是泥淖，其深不测，边人呼水在草中如淖者曰红锈水，人依草墩而行，略一转侧，人马俱陷，所以无商贾往来，往来者惟满洲而已。音信难得，岁仅一至，真所云家书抵万金也。后来哈汤之上，俱横铺树木，年年修理，往来者始多。大冯三兄，壬子拔贡，在京考选教习，得此人，南北音信乃不阻绝。赐还之事，固同社诸公如宋右之相国、徐健庵司寇、徐立斋相国、顾梁汾舍人、成容若侍中④，不忘故旧之德，而其中足跰舌敝，以成兹举者，则大冯三兄之力居多焉。呜呼！余家方全盛时，大父燕勒公以都宪挂冠，为一时名臣。余父暨伯父宏人公、闻夏公以诗文鸣江左，先达称为延陵三凤。叔父宪令公⑤继起，同社又比之皇甫四君。丁酉秋我父获隽，人方以为得人庆，讵知变起萧墙，以风影之谈，横被诬陷，致使家门倾覆，颠沛流离。迨远戍穷荒，几谓冤沉海底，断难昭雪。乃荷上天默佑，荷戈二十三年，百冷辟易，疾疢不作，所遇将军固山，无不怜才，待以殊礼，穷边子弟，负耒传经，掳鞍弦诵，彬彬乎冰山雪窖之乡，翻成说礼敦诗之国矣。洎乎《长白山赋》入，天心嗟叹，温诏下颁，流人复归本土。玉门之关既入，才子之名大振。手加额者盈路，亲绪论者满车，一时足称盛事。而余父益自韬晦，虚怀待人。执意文人薄命，溘焉捐馆，备历艰辛，而终未克食一日之报。彼苍者天，岂丰其名必啬其福耶？呜呼哀哉！余生长边陲，入关之岁，已为成人。其中风土人情、山川名胜，悉皆谙习，颇能记忆。今年近六旬，须发渐白，回思患难时，不啻隔世。诚恐久而遗忘，子孙不复知乃祖父之阅历艰危如此，长夏无事，笔之于纸，以为《宁古塔纪略》。时康熙六十年辛丑岁七月也。

康熙三十年前，沿松花江而下三千里，俱设城郭，直至乌龙江而止。乌喇七百里至孤儿却，又名新城，有梅勒章京驻扎。遍地皆沙，与蒙古接壤。最多牛马羊骆驼。又二百六十里至墨尔根，木城、沙地，都统镇守。又一千里至圃魁，木城、沙地，都统镇守。离城东北五十里，有水荡，周围三十里，于康熙五十九年六、七月间，忽烟火冲天，其声如雷，昼夜不绝，声闻五六十里，其飞出者，皆黑石硫黄之类。经年不断，竟成一山，兼有城郭。热气逼人三十余里，只可登远山而望。今热气渐衰，然隔数里，人仍不能近。天使到彼查看，亦只远望而已。嗅之惟硫黄气。至今如此，亦无有识之者。又八百里至爱犟。木城，四周皆山。城临乌龙江，有将军镇守。与老抢连界，近索龙，出人参、貂皮。此处貂皮毛粗，不及黑斤矣。孤儿却至爱犟一带，俱极寒冷。六月收成，七月即霜雪，又非宁古、乌喇可比也。此皆乌喇诸友所述者。

《宁古塔纪略》跋

　　《宁古塔纪略》，三十年前即耳其名，迄未获睹。今春，吴门袁子又恺举藏本钞赠，因以方坦庵宫詹《绝域纪略》报之。二书记载，虽间有异同，然足以广见闻、资考证，则一也。所惜无校梓之者，为附《秋茄集》后。

乙卯初夏同邑杨复吉识

附录

吴兆骞汉槎诗

晓发抚宁题逆旅壁

长宵鼓角度严风，泱漭烽楼曙色通。客梦五更惊枥马，征途三月逐归鸿。断云城堞临边迥，残雪关山映海空。莫道卢龙犹在眼，异时南望是辽东。

山海关

迥合千峰起塞垣，汉家曾此限中原。城临辽海雄南部，地枕燕山控北门。寂寞鸡鸣今锁钥，凄凉龙战昔乾坤。高台谁忆中山业，远目苍苍白草昏。

锦州道中登海边旧保障台上有传峰桔槔

塞门东尽海天开，百战犹存保障台。偃革十年闲斥堠，传烽当日报蓬莱。龙山烧色连沙起，皮岛涛声蹴海回。却望元戎开幕处，断垣零落使人哀。

抚顺寺前晚眺

乱山残照戍城东，立马萧萧古寺空。接塞烟岚天半雨，背人雕鹗晚来风。辽金宫阙寒芜裹，刘杜旌旗野哭中。俯仰不堪今昔恨，欲将空法问支公。

经灰法故城

雪峰天际见荒城，犹是南庭属国名。空碛风云当日尽，战场杨柳至今生。祭天祠在悲高会，候月营空想度兵。异域君臣兴废里，登临几度客心惊。

小乌稽即前史所称黑松林也

连峰如黛逐人来，一到频惊暝色催。坏道沙喧天外雨，崩崖石走地中雷。千年冰雪晴还湿，万木云霾午未开。明发前林更巉绝，侧身修坂倍生哀。

晚自鸡领崖至天龙屯

迢递回冈抱塞长，暮云归路剧羊肠。马嘶古碛寒沙白，鸦乱荒城落照黄，病后关河空涕泪，战余身世各苍茫。客游不异松花水，日夜滔滔下北荒。

上京城临马耳河，在宁古塔镇城西南七十里。三殿基址皆在殿前，有大石台国学碑，犹存数十字，有天会年号。禁城外有莲花石塔，微向东欹，石佛高二丈许，在塔之北。

完颜昔日开基处，零落荒城对碧流。赭马久迷征战地，黄龙曾作帝王州。断碑台殿边阴暮，残碣河山海气秋。寂寞霸图谁更问，衰笳处处使人愁。

赠滇令巴郡叶明德

回首岷峨限百蛮，羁离十载出兵闲。谯元头鬓伤心白，杜宇乡园战血殷。数口幸逃铜马贼，一官空到碧鸡山。益州耆旧今余几，帘肆凄凉老未还。

　　锦城山色接昆明，猿鸟声中战鼓鸣。自著白衣来闲道，却垂黄绶逐行营。崎岖虎口心犹折，恸哭龙髯气未平。今夕一樽重话旧，瘴云蛮树不胜情。

　　阅尽干戈复塞门，完颜台畔戍烟昏。家沉浩劫疑兵解君族姓十口皆死于贼，免者惟同产二人及妻子而已，身历穷荒识主恩。乞活漫伤迁客贱，寄书犹喜故人存。穹庐风雪天涯梦，肠断巴猿挹泪痕。

　　沧波一曲绕溪新，移柳栽松托隐沦。王烈自成辽处士，严遵原是蜀遗民。鹖冠送客风帘晚，浊酒看山雪礴春。共道余生疲战伐，杖藜聊复憩边城。

杂　感

　　瓯脱萧条塞路微，阿疏城畔柳依依。边开驼鹿山初凿，江到牛鱼岭渐稀。战士中宵看堠火，米船六月寄征衣。冰霜今岁寒应早。屈指诸军解甲归。每岁出师戍黑斤诸部，至七月中河冰将合乃归。

　　娥娥红粉映边霜，细马丰貂满路光。朱幕漫传翁主号，黄眉争识内家妆。空怜拂镜凝花态，莫为无裈笑粉郎。千载奉春遗策在，玉颜那更怨龙荒。时以妇女赐海东诸首领，边人谬以皇姑称之。其俗男女皆不著裈。

　　秋风吹碛起鸣雕，碛路西回限二辽。鸦鹊废关仍抱塞，鸳鸯残淀不通潮。千年城阙人谁识，百战河山世已遥。穷徼可怜无故老，难将遗碣问前朝。

冰井曲

　　朔风吹合圆泉井，六尺曾冰冻清泚。皎洁偏临璧甃明，岩亭已映银妆起。皛皛银妆影欲重，流霜鉴月共玲珑。光凝云母深含影，冷落琉璃半累空。可怜少妇争朝汲，锦靴顾步愁无力。乍照青蛾玉镜寒，欲凭素手晶兰湿。日日携群幽怨多，严阴不散碧嵯峨。辘轳宛转霜丝绠，泣向寒泉奈若何。

百字令 家信至有感

牧羝沙碛，待风鬟，唤作雨工行雨。不是垂虹亭子上，休盼绿杨烟缕。白苇烧残，黄榆吹落，也算相思树。空题裂帛，迢迢南北无据。消受水驿山程，灯昏被冷，梦见中叨絮，儿女心肠英雄泪。抵死偏萦离绪，锦字闺中，琼枝海角，辛苦随穷戍。柴车冰雪，七香金犊何处？

采桑子 寄妹起句用合肥公来札中语

缟綦义烈人谁似，淡月寒梅，寂掩罗帷，生受黄昏盼紫台。遥知枫落吴江冷，白雁飞回，锦字难裁，一片红冰熨不开。

附　渐西村舍丛刊本眉注

　　长白西清《黑龙江外纪》曰：宁古塔，吉林属城，俗呼宁古台。杨宾《柳边纪略》曰：宁古塔城旧在觉罗城北五十二里，康熙五年移于觉罗城西南八里。今梅勒章京所居者新城也。新城建，旧城废，人呼为旧街上。宁古塔四面皆山，虎儿哈河绕其前，公衙门及梅勒章京居在木城内。

　　黑斤，即赫哲部。有剃发黑斤，有不剃发黑斤。

　　拨什库，领催也。《黑龙江外纪》云，例以识字者充补。

　　北齐人讥徐陵带热来，同此善谑。

　　北方无枫，此未确。

　　呼儿喀，即虎儿哈部；非牙哈，即费雅喀；乌稽即窝集，老林也。

　　《黑龙江外纪》云，满洲有佛、伊彻之分，国语旧曰佛，新曰伊彻，转而为伊齐、一气。其初多吉林产也。

　　《柳边纪略》云，宁古三样宝，人参、貂皮、乌腊草。

　　《黑龙江外纪》云，白土和而漫壁，称细泥。惟齐齐哈尔有之。

　　圃魁即卜魁，齐齐哈尔城。

　　爱荤，《龙沙纪略》作艾浑。

宁古塔纪略校记

①据昭代丛书本改。渐西村舍本，知服斋本作燕勤公。

②原本误作鸭绿江，迳改。

③闾阳驿，渐西村舍本作闲阳驿，今据《柳边纪略》改。

④渐西村舍本作侍卫；知服斋本作侍御。

⑤知服斋本作显令公。

绝域纪略

桐城　方拱乾　　著
吉林　杨立新　整理

绝域纪略小引

龙眠方拱乾坦庵　著

　　宁古何地？无往理，亦无还理。老夫既往而复还，岂非天哉？亲友相见，问对率仓皇无端绪。邸舍无事，偶追忆而条晰之，以省问对。衰年性健忘，似有漏轶。记与吴汉槎及儿辈，屡属其撰志，而不先就，亦曰："此生岂有还理。"则此生之徼天幸者，殆昔人所谓从死地走一回，胜学道三十年。老夫滋愧矣！

康熙壬寅七月二十七日，书于荷阴客舍

绝域纪略

桐城方拱乾 著

宁古塔不知何方舆，历代不知何所属，数千里外无寸碣可稽，无故老可问。相传当年曾有六人坐于阜，满呼六为宁公，坐为特，故曰宁公特。一讹为宁公台，再讹为宁古塔矣。固无台无塔也，惟一阜如陂陀，不足登。本朝控制诸彝，受人参、貂狐皮贡，爰留卒以戍之。有逻车国者嬲诸彝，使不得贡，敌之不胜，又动大众，勤舟师，遂择八旗，旗八十人长戍焉。复立牛鹿章京、梅勒昂邦，以重其任。逻车，亦不知其国在于何所，云舟行万二千里不知其疆，所遇皆擅鸟枪，又遂讹鸟为老，讹枪为羌云。

天时，北斗在北，较中华微高，月出较早，四时皆如冬。七月露，露冷而白如米汁。流露之数日即霜，霜则百卉皆萎。八月雪，其常也。一雪地即冻，至来年三月方释。五、六月如中华二、三月，亦复有裸裎。时日昃则须入户矣。居三年，惟两日奇寒己亥十月初七日及庚子十二月十七日。久住者，亦诧为未曾有，余不过如长安极凛冽时耳。春多风，风烈常十余日无出户者。入夏多雹，雹下则黍苗殒。

土地无疆界，无城郭，枕河而居，树柴栅，环三里，辟四门，而命之曰城。中以碎石甃埠丈余，辟东西门，置茅屋数椽，而命之曰衙门章京，刑政地也。埠雨即圮，圮甃。栅内即八旗所居。当事则厚待士大夫，请旨居士大夫于栅内，余人则散居诸屯，有数屯焉。随所居多寡而大小之，无旧址，无定名。如曰牡丹者，满言一日往还也，曰沙儿虎，曰沙岭，曰泥江，曰要罗，皆类。斯山川不甚恶水则随地皆甘洌，或曰浸所融也。随山可耕，官给人耕地四亩一行，如中华五亩，无赋税焉。地贵开荒，一岁锄之荒也，再岁则熟，三四五岁则腴，六七岁则弃之而别锄矣。有大川汇众川而达于海，可以舟。有东京者，在沙岭北十五里，相传为前代建都之地。远睇之翁郁葱茜若城郭，鸡犬可历历数焉，渐近则荒榛蒙茸矣。有桥垛存而板灭，有城阃，轨存而阈灭。有宫殿，基础存而栋灭。有街衢，址存而市灭。有寺，石佛存而刹灭。讹曰贺龙城，讹慕容邪，而北燕非此地。所掘铁多正隆，正隆乃金主亮年号。俗之祀神者动曰乌禄，岂乌禄旧封邪。黄瓦累累，无字可寻，惟一瓦有字曰保，高丽作字多不完，岂高丽邪。环东京皆腴地，流水残山颇似江南荒野。四至百余里外，皆有大树林，曰大阿稽、小阿稽。千章之木，杀其皮以令之朽，万牛不能送，时令人发深叹焉。自鹦哥关凡一千八百里而始至，中惟三屯，一曰灰扒，一曰多洪，一曰株龙。多洪屯各庐屋不满十行，差卒换马之地，多山多水，多虾荡。虾荡者淖也，淖不可渡。中有结草如球，车马履之而渡，失足则陷，而须掀焉。冬则冰。

宫室，象鸟兽而为巢，为营窟，木颇材而无斧凿，即樵以架屋，贯以绳，覆以茅，列木为墙，而或者墐以土，必向南近阳也。户枢外而内不键，避风也。室必三炕，南曰主，西曰客，北曰奴。牛马鸡犬与主伯亚旅，共寝处一室焉。近则渐分别矣，渐障之成内外矣，渐有牖可以临窗坐矣，渐有庑庐矣。有小室焉，下树高栅，曰楼子，以贮衣皮。无栅而隘者，曰哈实，以贮豆黍。

树畜，开辟来不见稻米一颗。有粟，有稗子，有铃铛麦，有大麦。稗则贵者食之，贱则粟耳。近亦有小麦，卒不多熟，面麦亦堪与小麦乱也。

瓜茄豆随所种而获，霜迟则皆登于俎矣。丝瓜、扁豆较难熟，熟亦不能得子。有撒兰者，结实可斤余，其腴胜长安种。有小菱，有连子，满人素不识，因游东京者往寻莲陂，土人遂撷之以市。有松子，有榛子，有酸梨，大如栗，贮之木罂之中，令之烂，斯啜焉。有瓯子李，色赤而涩。有麋子尾，即猴头，有蘑菇，有黄菌，有山查子。

川有鱼不网而刀，月明燎火椐小舟，见鱼而揸之。有遮驴者，大可百余斤，有骨而无刺，如中华之鲤，而其味更胜他鱼，亦随地有之。有刺姑焉，身如虾，两螯如蟹，大可盈寸，捣之成膏，至今宗庙必需之，届期驰驿而进御。鸡、豚、鹅、鸭，视所畜，客至则操刀而割，豕堕地即充庖焉。

无所谓风俗也，既无土著人，谁为遗之，谁为流之乎？八旗非尽满人，率因其种以为风俗，华人则十三省无省无人，亦各因其地以为俗，故曰无所谓风俗也。姑亦就满汉相沿之久而言风俗也。不用银钱，银则买仆妇、田庐或用之，钱则外夷来贡时，求作头耳之饰。至粟豆交易，或针或线，或烟筒，大则布，裕如也。相见不揖，从者皆坐，坐以炕别。每有需则与之，无则拒之，不怼也。受所与，必思有以酬之。相遇必歉歉自道一酬即泰然，斋酬布帛所不计矣。

妇人多颜色，即贵人亦舄而步于衢。一男子率数妇，多则以十计，生子或立或不立，惟其意也。其惮妇甚者倍于恒情，有弃妇者亦倍于恒情。结发老矣，曾无他嫌。男子偶有悦于东家女，女父母曰必逐而妇归，遂不动色而逐之。即儿娶妇，女嫁婿，亦不敢牵衣而留。新妇入，儿女遂以事其母者事之。弃妇他日适后夫，过故夫庐，而问新妇，相见无怍容，无怼言也。

八旗之居宁古者多良而醇，率不轻与汉人交。见士大夫出，骑必下，行必让道。老不荷戈者则拜而伏，过始起。道不拾遗物，物遗则拾之置于公，俟失者往认焉。马牛羊逸三日不归，则牒之公，或五六月之久尚能归，惟躏人田，则牧者罚其直，虽章京家不免焉。

最重力仆健妇，尽一室人争奉之。若大家，则择一人为庄头，司一屯之事，群仆惟所指使。炕四时无断薪，薪在五十里外。五更饭牛，日暮乃返。采薪之仆尤司一家之命，于群众更异数焉。

跳神犹之乎祝先也，率女子为之。头带如兜鍪，腰系裙，累累带诸铜铁，摇曳之有声，口喃喃鼓嘈嘈。以竿绾绸布片于炕，而缚一豕，以酒灌其耳与鬣，耳鬣动即吉。手刃之取其肠胃，而手拼之亦有吉凶兆。女子韶秀者亦如歌舞状，老则厌，男子更厌矣。马神，则牵马于庭中，以红绿布帛丝系其尾鬣，而喃喃以祝之云。跳毕则召诸亲戚啖生肉，酌以米儿酒，尽醉饱。不许怀而出其户，曰神怒也。寻常庭中必有一竿，竿头系布片，曰祖先所凭依，动之如掘其墓，割豕而群乌下啖其余脔，则喜曰祖先豫，不则愀然曰祖先恫矣，祸至矣。

宁古无闲人，而女子为最。如糊窗则捶布以代纸、烧灯则削麻入肤糠以代膏，皆女子手。不碾而舂，舂无昼夜，一女子舂不能供两男子食。稗之精者至五六舂。近有碾，间囊粟以就碾。舂余即汲，霜雪井溜如山，赤脚单衣，悲号于肩担者，不可纪，皆中华富贵家裔也，伤哉。百里往还不裹粮，牛马不携粟草，随所投如旧主人焉。主人随所供不责报，亦无德色。

病不问医，无医安问。死则以敝船为椁，三日而火，章京则以红缎旌之，拨什库则以红布，再下则红纸。俗贱红而贵白，以为红乃送终具也。男子死，则必有一妾殉，当殉者，即于生前定之，不容辞，不容僭也。当殉不哭，艳妆而坐于炕上，主妇率其下拜而享之，及时以弓弦扣环而殉。倘不肯殉，则群起而缢之死矣。

满人不知有佛，诵经则群伺而听，始而笑之，近则渐习，而合掌以拱立矣。西达子则知有佛，有经，能膜拜，大约与喇嘛教同，与西土异。不祀神，惟知有关帝，亦无庙，近乃作一土龛。

稗子，贵人食之，下此皆食粟，曰粟有力也。不饮茶。

无陶器，有一瓷碗如重宝，然群不贵，遂不足宝矣。凡器皆木为之，出高丽者精，复难得，大率出土人手，匕箸盆盂比比皆具，大至桶瓮，亦自为之。有打糕，黄米为之，甚精。有饼饵无定名，但可入口，即曰佳也。多洪有蜂蜜，贵家购之以佐食，下此不数数得。盐则取给于高丽，每十月，大宗伯特遣一驿使至宁古，昂邦檄一牛禄督市盐者以行，给其仆马。至高丽之会同府，府去王城尚三十里，荒陋犹宁古也。其国亦遣一官受我使，交易盐及牛马布铁得还，凡五六十日而始竣事。闻其国亦以供应为苦。满人得盐乃高价以售，汉人惟退而自啖。其炕头之酸蔏水菜，将霜取而置之瓮，冰浸火烘，久而成浆，曰胜盐多多许。

吉林舆地说略

韦庆媛　整理

吉林舆地说略目录

吉林舆地说略

吉林，白山南峙，松水东环，为国家发祥重地。省城距京二千三百五十里，扼全省之要。西南至盛京奉天府界，北至黑龙江呼兰城界，西至内蒙古郭尔罗斯公界，南至朝鲜界，东及东北向皆滨海。自与俄夷分界后，由东北乌苏里口起，沿江而上，逾兴凯湖，逶迤西南至图们江口止，地设界牌，图绘红线。就此计之，东西相距二千二百余里，南北相距一千九百余里。吉林通省领城八、厅三、边门四。省城之北即打牲乌拉，又北为伯都讷、拉林、双城堡、阿勒楚喀，又东北为三姓，东为宁古塔，东南为珲春，是为八城。八城之外，又有乌拉、伊通、额穆赫索罗三处，设有营汛，统于省垣。吉林理事厅治即在省城，伯都讷理事厅治即在伯都讷城，其长春厅在省城之西，理事通判治焉，是为三厅。城北边门一，曰巴彦鄂佛罗门，西北边门三，曰伊通门、赫尔苏门、布尔图库门。东起乌拉属境之亮甲山，蜿蜒西南，至奉省威远堡门止，是为四边门。其站则三十有六，台则六十有一，卡则一百有三，村屯则八百七十有五。以通省险易形势论之，如宁古塔、三姓、珲春，地处边隅，壤接异域，而珲春又与朝鲜毗连，止隔图们江一水。该三处属境虽有山溪之险，实无关隘可凭，亦无城池可守，不过于沿边要害设立台、卡、官、弁，坐守巡逻。其余地舆皆居腹里。惟禁山之内，峰峦险阻，道路崎岖，即多僻径可通，亦有卡伦巡缉。此外皆系原野，间有山冈村屯比邻，旗民杂处，与边境迥不同矣。兹将山川形势、道路远近、台卡营汛之驻扎、官弁兵丁之数目，逐一分晰附列，各城间有册内不能备载之处，分注于图，以备考核。

吉 林 省 城

吉林省城，在盛京东八百四十五里，将军、副都统分治焉。所辖城一即打牲乌拉，营汛三即乌拉、伊通、额穆赫索罗，边门四，台卡五十六，驿站十五，村屯二百八十。居住旗民四万二千三百九十户。东界宁古塔，西界盛京威远堡边门，南界朝鲜，北界伯都讷，东南界珲春，西南界盛京围场，西北界边门，东北界拉林禁山。东西距一千一百二十里，南北距一千五百里。打牲乌拉在省城北七十里，乌拉总管与协领同治，防兵七百二十七名。伊通在城西南二百八十五里，防兵二百名。额穆赫索罗在城东南三百六十里，防兵一百二十名。巴彦鄂佛罗边门在城北一百八十里，东由亮甲山起，逾松花江迤而西南，至伊通边界止，计边一百二十五里，驻扎兵二十名。领台七，曰：头台、二台、三台、四台、五台、六台、七台。壮丁二百七十八名，分驻七台。伊通边门在城西二百四十里，东由巴彦鄂佛罗边界起，西南至赫尔苏边界止，计边一百八十里，驻扎兵二十名。领台七，曰：八台、九台、伊勒们河台、二台、马家头台、小河台、伊通门台。壮丁三百名，分驻七台。赫尔苏边门在城西南四百里，东北由伊通界起，西南至布尔图库边界止，计边一百九十里，驻扎兵二十名，领台八，曰：邢家台、孙家台、井家台、五台、十三家台、二十家台、赫尔苏门台、四台。壮丁二百二名，分驻八台。布尔图库边门在城西南四百八十里，东北由赫尔苏边门界起，西南至盛京威远堡边界止，计边一百五十里，驻扎兵二十名，领台七，曰：上三台、下三台、布尔图库门台、上二台、下二台、青阳堡台、十八家台。壮丁一百四十二名，分驻七台。登潭卡伦在城南一百八十里，设官二员，兵二十名。漂河卡伦在城东南二百八十里，设官一员，兵十名。平顶山卡伦在城南一百八十里，设官一员，兵十名。木齐河卡伦在城南三百六十里，设官一员，兵十名。辉法卡伦在城南二百八十里，设官一员，兵十名。法必拉卡伦在城西南三百里，设官一员，兵十名。色勒河卡伦在城东南五百里，设官一员，兵十名。额赫穆卡伦在城东九十里，设官一员，兵五名，依罕阿林卡伦在城东一百二十里，设官一员，兵五名，荒沟卡伦在城东北九十五里，设官一员，兵五名。

以上各卡系保护参山而设。

伊通卡伦在城西南四百里，设官一员，兵五名。二道沟卡伦在城西南三百六十里，设官一员，兵五名。伊巴丹卡伦在城西南三百二十里，设官一员，兵五名。康家口卡伦在城西南三百里，设官一员，兵五名。苏瓦延卡伦在城西南二百八十里，设官一员，兵五名。依勒们卡伦在城西南二百三十里，设官一员，兵五名。孤拉库卡伦在城西南二百里，设官一员，兵五名。萨伦卡伦在城西南二百五十里，设官一员，兵五名。汪色卡伦在城西南二百四十里，设官一员，兵五名。马鞍山卡伦在城西南二百三十里，设官一员，兵五名。西伯霍罗卡伦在城西南二百五十里，设官一员，兵五名。尼雅哈气卡伦在城西南二百六十里，设官一员，兵五名。库鲁讷窝集卡伦在城南二百七十里，设官一员，兵五名。玛发塔卡伦在城西南三百里，设官一员，兵五名。

以上各卡系看守围场而设。

二道河卡伦在城西南五百五十里，设官一员，兵五名。系盘查飞扬私参，设于吉奉两省接界处。

鱼梁子卡伦在城东北二百六十里，设官一员，兵五名。珠奇卡伦在城东北三百二十里，设官一员，兵五名。郎头咀子卡伦在城东北四百里，设官一员，兵五名。

以上三卡系隶乌拉属境，为防护剩荒而设。

牡丹卡伦在城东南五百里，设官一员，兵五名。通沟卡伦在城东南五百五十里，设官一员，兵五名。石头河子卡伦在城东南六百里，设官一员，兵五名。

以上三卡系隶额穆赫索罗境，为防护参山而设。

乌拉站在城中，西至蒐登站六十五里，蒐登站在城西六十五里，西南至依勒们站七十五里，依勒们站在城西南一百四十里。西南至苏瓦延站五十五里。苏瓦延站在城西南一百九十五里，西南至伊巴丹站六十里。伊巴丹站在城西南二百六十里，西南至阿勒谈额墨勒站六十里。阿勒谈额墨勒站在城西南三百二十里，西南至赫尔苏站六十里。赫尔苏站在城西南三百八十里，西南至叶赫站八十五里。叶赫站在城西南四百六十五里，西南至蒙古霍罗站五十里。蒙古霍罗站在城西南五百一十五里，又西南四十五里至奉省之威远堡门。额赫穆站在城东九十里，东南至拉法站八十五里。拉法站在城东南一百七十五里，东南至退抟站八十里。退抟站在城东南二百五十五里，东南至意气松站六十里。意气松站在城东南三百一十五里，东南至鄂摩赫站四十五里。鄂摩赫站隶额穆赫索罗，在城东南三百六十里，又东三十里至搭界之都林河。金珠站在城北六十五里，北至舒兰河站六十五里。舒兰河站在城北一百三十里，北至法特哈站五十里。法特哈站在城北一百八十里，隶巴彦鄂佛罗边门，北即为伯都讷界。长白山在城东南一千三百余里，东南朝鲜界，西通和林分水岭，阳坡水归鸭绿江，系盛京界。山之北麓绵亘六百余里，总名之曰：白山坡，即讷秦窝集也。其巅有泡曰他们，盖北流之松花、东流之图们，西南流入奉界之鸭绿江，均于此发源焉。獐毛草顶山在城南一千一百余里，东接长白山，即头道江发源处。和林岭在城南一千里，又名老岭，西通兴京英额们，为分水总冈。南勒克山在城西南六百余里，枝干通和林，岭西为奉界，东南、东北接连无名山岭，为花园猛江等河发源处。平顶山即佛恩亨山，在城西南五百余里，南通勒克山之枝干，西为奉界，东为那尔轰河发源处，东北接连那尔轰岭，即法必拉河源，山岭相接，至辉法河口之船底山而止。寒葱顶在城西南四百里，傍立吉奉省分界石碣，南为小沙河发源，北为小伊通河，又东为大青顶，南流之大沙、北流之伊通等河于此发源。

小背山在城西南四百余里，西有分界石封堆五个。亮子河于此发源。南接西石背家邦等山，其东为锅盔、帽儿等山。红石砬在城西南三百余里，南为碴石河源，北为依勒们河源。东接七个顶，即富太河源，东南接扇车山、一面山。玄羊砬在城西三百里，东南为胡兰河源，东为八道河源，北为萨伦河源，其东南山麓蜿蜒，接连尖山、天平岭山、寿山、柜子石，为罗圈河、柳树河、独木河发源处，南与四方顶接，为都林、武珠奇等河发源处。赵大吉山在城西南一百五十里，南为横道河、北为温得亨河发源处，西通牛心顶观音堂山，为吉勒萨河发源处，东南接平顶山、骆驼砬，为玛延河发源处，东北摩天岭、歪头砬及距城六十里双峰岭。西北之大黑山、平顶山、马鞍山、关门山均属赵大吉之枝干。花曲柳顶山在城西南二百五十里，接车儿山，为桦皮河、大梨树河发源处。搅杆顶山在城西南三百余里，南为荒沟等河，北为伊巴丹河发源处，南干接蜘蛛顶山，东北麓蜿蜒接双顶山、大砑子山、杨木顶、通背山，为苏瓦延河发源处,并接五花顶山及望景山。大孤山在城西南三百二十里,东北接莫勒青山及东尖山,并接勒克山,阜冈相续,出伊通边门,接长春厅境之巴彦珠鲁克山,复北接朝阳山而止。英额布占山在城西南四百余里,东与火石岭接,东接盛京围场,即叶赫河发源处,西则阜冈络绎,接半拉山、太安山至边。大顶山在城西北一百七十里,西为波泥河,东为加工河发源处。东北接四眼顶山、马鞍山,东接马虎头山、八台岭,为木石河、鸭通河发源处,并接法什哈达山、尖山子,为扎兴阿河、敖花河发源处。磨盘山在城西五十余里,西南接红石砑,即春台河发源处,并接庙岭、玄天岭,在城北二里,岭峦重叠,蜿蜒而西,接连老爷岭,岭北即通气河源,东北为沙河子源。

望祭山在城南九里,又名小白山,上有望祭长白山之殿。

以上各山均在松花江之西。

英额岭在城东南九百余里,即长白山之东北麓也,绵亘三百余里。其东枝干重叠,为小土们江、头道、二道、三道沟、富尔尖河发源处,西为富尔霍河发源处。逊扎哈达在城东南九百里,系分英额岭之枝干,西北为赓音河发源处,东北接连无名大山,为牡丹江发源处。佛悬吉山在城东南八百余里,西南接连无名大山,为古洞河、大沙河发源之处。坛品岭在城东南七百余里,脉接富尔岭,为苇沙河发源处。哈勒巴岭在城东南八百余里,枝干接连英额岭,由西南迤而东北,蜿蜒二百余里。岭东为珲春界,即布尔哈吞河、海兰、头道沟发源处,西为石头河发源处。哨尔哈达在城东南四百五十余里,西北接连后金银窖,其南无名大山接连不断,为木齐河、色勒河发源处。烟筒砑在城南四百余里,西临江沿,南接红石砑,东即色勒河,河东为哈蚂石。臧羊砑在城东南三百五十余里,东北接帽儿山,迤逦西北,接连五虎石,又东北接水壶山,山回环而外，所有之平地曰：塔子头沟、社哩沟、寒葱沟、暖木条子沟等处。鸡爪山在城东南三百余里，即漂河发源处。东接无名山岭，为小石头河，西为漂河发源地。富尔哈达在城东南二百余里，东接黑顶子、平顶山，为蛟哈河、意气河发源处。张广财岭在城东南二百余里，东通塔城大路，山岭险峻，上下三十余里，西接杨木顶，东北接老虎洞山、关门咀，东为东大岭河，西为西大岭河发源处，东南峰峦络绎，接武嵩砑、凉帽顶山。拉法砑子在城东南一百余里，西接小砑子，东接老山梁、松蓬会山、呼伦岭，为平底沟河发源处，东北接冷风口山，即冷风口河发源处。四方台山在城东南四百余里，东为塔界，南为沙河，北为横道河发源处。雪山以其山巅四时积雪，近则寒气侵人，故名雪山，在城东四百里，南麓重叠，接北大肠山，北干蜿蜒，接磨盘山，为拉林河、都林河发源处。杨木顶在城东三百余里，西北为舒兰河发源处，在东北接土顶子，为珠噜多欢河发源处。莺窝砑在城东二百余里，西北接连臜觥岭，北为西黄泥河发源处，又北山岭相续，为干棒子河发源处。帽儿山在城东北三百余里，北为霍伦河发源处，西北接四方顶，为大安河发源处，又西北接小黑顶，为六道河发源处。老黑顶在城东北三百余里，东南接小磨盘山，为珠奇河发源处，东接郎头咀，为哈拉河发源处，北接歪桃山，至拉林河沿，河北为拉林界，西北通牛心顶，为小黄泥河发源处，馒头顶、三个顶北为拉林界。鞦鞳岭在城东北二百余里，北有头、二、三、四、五道堤塔。南磬岭在城北一百余里，北接中磬岭、北磬岭、锅盔顶、鸡爪顶，为喀萨哩河发源处。及小水曲柳冈、锉草顶，为凉水泉发源处，南绵亘一百余里，东近舒兰河，北即拉林界，西有青顶子、长春岭、柞树冈、大石顶，为半截河、头道河、二道河、三道河发源处，西又接连无名山冈，则为闹枝河、讷木唐阿河、响水河之源。亮甲山在城北二百里，巴彦鄂佛罗边东，由此山起，东接花园山及四道梁，北为伯都讷界。老爷岭在城东南百余里，系赴宁古塔必经之路，东北接锉草顶，为柳树河发源处，又北盘岭、三个顶，为沙河、荒沟河发源处，岭西为八道河、额赫穆河发源处，西接双峰岭、狐狸顶、黑瞎子仓山、天砑子、马鞍山，迤南接烟筒山、太平山，南接关门砑，为依勒们河发源处，又南接双柈子、海清砑、坨腰子。海清岭在城东南百余里，北干老爷岭，东近拉法河，西南接锅盔顶，为额赫穆河、雅门河、佛多霍河发源处。漂河冈在城西南二百余里，北与臭黎子、背尖山子、后金银窖、小青背、关门砑、杉松顶等山接。康大砑山在城南一百余里，与松花江西赵大吉山相对，北接白石砑，东接大砑子、杉松岭，与海清、老爷二岭系一脉相连，由西南蜿蜒东北亘长二百余里。雅门顶在城南九十余里，北接雅门岭，为小海兰河发源处。五家哨在城南五十里，东接宝贝山、大王砑子，即沙河子发源处，又东接臭松泊子、石湖山、北接哑吧岭、石匠沟山。龙潭山在城东十里，近临江沿，南与东团山接。

以上各山均在松花江以东。

松花江源出长白山，北流，曲折千余里，群山夹峙，万水朝宗，绕吉林城。南而东而北经乌拉一百余里出边，复折流而西北，西为长春厅界，东为伯都讷界，又二百余里，会伊勒们河，西为郭尔罗斯公界，东仍为讷界。又二百余里，经伯都讷城。又五十余里，会嫩江遂折而东流，南为讷界。北为黑龙江界。又二百余里，会拉林河，南为拉林界。又二百余里，会阿什河，南为阿勒楚喀界。又东四百余里，会玛延河，南为三姓界。又百余里，会牡丹江。又五百余里，会黑龙江。又四百余里，会乌苏里江，始曰混同江。以下均为俄夷界。东流二千余里入于海。头道江即赛因讷音，源出獐毛草顶，城南一千一百余里，曲折而北，引漫江、黑河、石头河、会汤河。汤河源出和林、老岭之西，曲折而东，引无名小河及海清河，会头道江，复引小夹皮河、大夹皮河，会松江河。松江河即额赫讷音，源出长白山之他们泡，曲折而北，引槽子河、三道松江河、二道松花河、铺陈河、上万里河，会头道江，复引三道花园河、二道花园河、头道花园河、猛江河、苇沙河、道及河、榆树河，会那尔轰。那尔轰河源出平顶山城西南五百余里，东北流，会无名小河，复折东南入头道江，复会二道江，是为两江口。二道江即尼雅木尼雅库，源出长白山之他们泡，曲折而北，引雅朗阿河，会赓音河。赓音河源出逊扎哈达城东南九百余里，西南流，引富尔霍河折而西流，引能克吉勒河、霍特依河入头道河，复引莫勒河、扎勒河、大沙河、古洞河、苇沙河至两江口，会头道江，下流即松花江也。土门江源出长白山，曲折而北，引小土门江、头道沟、二道沟、三道沟、富尔尖河，五百余里，入珲春界。色勒河源出富尔岭西北之无名山，西南流，复西折入松花江。木齐河源出哨尔哈达南之无名山，西流，引无名小河入松花江。漂河源出鸡爪山，城东南三百余里，曲折而西，引无名小河入松花江。披舟河、万里河、船底河源出那尔轰岭东之无名山岭，东流入松花江。辉法河源出盛京界，城东南三百余里，源乃三统河、一统河、大沙河、柳河、身河，流至辉法古城，是为辉法河，曲折东北，引硝石河，石头河、细鳞河、富太河、都陵武河、珠奇河、胡兰河、柳树河、独木河、色哩河、法必拉公必拉古勒萨河、呢什哈河入江。拉法河源出舰舻岭，即舰舻河城东二百余里，曲折西南，引柳树河、依勒们河、冷风口河，经拉法站，始为拉法河，复引西大岭河、平底沟河、意气河、蛟哈河、二道河、代路河，至拉法口子入松花江。佛多霍河、雅门河、额和穆河源出海清岭，西流入松花江。温得亨河源出赵大吉山，城西南一百五十里，东北流，引五里河、口沁河、春台河、二道河，东折入松花江。依罕阿林河源出老爷岭，城东百余里，源即八道河，引三道沟、沙河子，曲折西北，至猴石入松花江。依勒们河源出元羊砑，城西南三百余里，西流折北，引布拉河、大梨树河、荒沟河、肚带河、蓝旗河、五里河，会苏瓦延河。苏瓦延河源出通背山，城西南二百余里，东北流，引龙王庙沟、石头河入依勒们河，复会萨伦河。萨伦河源出元羊砑，北流，引苦莫菜河、倒木河、桦皮河、响水河、鸭绿河，又北，名岔路河，入依勒们河，复引波泥河，至依勒们台出边，引沙河子、海雾河，会伊通河。伊通河源出大青顶之北麓，城西南三百余里，引小伊通河、头道岔河、二岔河、三岔河、伊巴丹河，出伊通边门，曲折而北，经长春厅而东，流入依勒们河，东北流，入松花江。赫尔苏河流出盛京界，北流，经赫尔苏站，引杨树河，至赫尔苏门出边，是为辽河，流入昌图界。叶赫河源出英额布占山，城西南四百余里，曲折西流，经叶赫站，引无名小河，会奉省无名河，是为二道河，经二道河卡伦入威远堡边，是为扣河，流入奉界。蒐登河源出蒐登沟，城西七十余里，北流，经蒐登站会一拉溪、加工河、鸭通河，复东折，引大水河、敖花河入松花河。木头河源出马虎头山，城西北一百余里，北流，至七台出边，引上河湾、太平沟，复东北入松花江。牡丹江源出逊扎哈达，城东南九百余里，曲折而北，引无名小河，复引东、西石头河，至额穆赫索罗东南，会珠噜多欢河。珠噜多欢河源出土顶子，城东北三百余里，东流复南折，引东大岭河，东折，引额摩河入牡丹江，复引横道河、都林河，东入塔境之阿卜湖。拉林河源出磨盘山，城东北四百余里，曲折而北，引三岔口河、哈拉河，至红石砑入拉林界。霍伦河源出帽儿山，城东北三百余里，西北流，引珠奇河、小黄泥河，会舒兰河。舒兰河源出杨木，城东北三百余里，西北流，引东、西黄泥河、干棒河、大安河，大道河，会霍伦河，是为双岔头，入拉林境。荒沟河源出暴马子川，城东北二百余里，曲折西北，引沙河子、闹枝河、讷木唐阿河，入溪浪河。嘎萨哩河源出鸡爪顶，城东北二百余里，西流，引头道河、二道河、三道河、半截河、响水河、黄泥河，复折西北流，出巴彦鄂佛罗边，入伯都讷界。

以上山川名目、河道源流均系吉林属境，其有俗名、小河、港汊、山岭、冈阜以及泡洼、沟甸册内不备者，均于图内注写。至河源有出于省境，下流或入于别城者，是其源虽详而下流无考，均各详各城，分别录列于后，以资考核。

宁 古 塔 城

宁古塔，在吉林城东八百里，副都统治焉。领台卡三十七，驿站四，村屯二十七。居住旗民二千二百三十四户。东界俄夷分疆之处，西界吉林之都林武河，南界珲春之嘎哈哩河，北界三姓之阿木兰河，东南界珲春之胡布图河，西南界吉林之招老岭，西北界拉林之商西岭，东北界松阿岔河，河东为俄夷界，西为三姓界。东西距九百四十余里，南北距五百二十余里。磨刀石台在城东北一百里，设官一员，兵九名。穆棱河台在城东二百二十里，设官二员，兵二十名，即穆棱卡伦。张家营台在城东三百一十里，设官一员，兵九名。青沟子台在城东三百八十里，设官一员，兵九名。石头河台在城东北四百七十里，设官一员，兵九名。大王山台在城东北五百六十里，设官一员，兵四名。乌扎库台在城东北六百五十里，设官二员，兵二十名。

以上各台系由塔城赴兴凯湖沿路择要而设，至扎库总台而止。其台东控俄夷疆域，北连三姓边防，南附诸台，毗连珲春之境，上下联络，声势相通，洵为边台之总，扼要之区也。

王家蒙台在乌扎库台西南六十里，设官一员，兵九名。青沟岭台在王家营台西南六十五里，设官一员，兵九名。白珍河台在青浦岭东南六十里，设官一员、兵四名。白桦川台在白珍河台东南六十里，设官一员，兵九名。横山岭台在白桦川台南六十里，设官一员，兵九名。萧家营台在横山岭台南六十里，设官一员，兵九名。八道河台在萧家营台南六十里，设官一员，兵九名。汉堤塔台在八道河台西六十里，设官一员，兵九名。湖布图河台在汉堤塔台西南六十里，设官一员，兵九名。

以上各台北由乌扎库台起，逶迤西南，接连珲春边防诸台，系与俄夷分界处所，沿边而设。

花兰卡伦在城东三十里，设官一员，兵四名。昂阿拉窑卡伦在城东南四十里，设官一员，兵四名。塔克通吉卡伦在城东南五十里，设官一员，兵四名。嘎思哈卡伦在城南八十五里，设官一员，兵四名。佛讷卡伦在城南九十里，设官一员，兵四名。窝楞卡伦在城西南八十五里，设官一员，兵四名。玛勒胡哩卡伦在城西南一百五十里，设官一员，兵四名。松津卡伦在城西南一百三十里，设官一员，兵四名。色奇通卡伦在城西南一百十五里，设官一员，兵四名。德林卡伦在城西南一百二十里，设官一员，兵四名。胡郎吉卡伦在城西九十九里，设官一员，兵四名。米占卡伦在城西北九十里，设官一员，兵四名。商西卡伦在城西北八十里，设官一员，兵四名。多雍武卡伦在城北九十里，设官一员，兵四名。依撒卡伦在城东北九十五里，设官一员，兵四名。乌勒胡霍罗卡伦在城东北一百十里，设官一员，兵四名。乜河卡伦在城东北八十里，设官一员，兵四名。倭勒浑噶尔干卡伦在城东北六十里，设官一员，兵四名。胡西哩卡伦在城东三十里，设官一员，兵四名。

以上各卡均设于塔城腹里，四面周环，互相联络，尤能声息相通，殊足御外而卫内也。

穆棱卡伦在城东二百二十里，设官二员，兵二十名，合穆棱台为一处。霍真卡伦在城东北三百十里，设官一员，兵九名。

以上二卡为防守参山而设，又与赴兴凯湖沿路所设之台相连。萨奇库卡伦在城南二百三十里，设官一员，兵四名。

以上之卡系赴珲春必经之路，并递送往来文报，兼巡西南一带围场而设。

塔拉站在城西二百里，西至额摩赫站七十里，东至必尔罕站六十里。必尔罕站城西一百二十里，东至沙兰站六十里。沙兰站城西八十里。宁古塔站在宁古塔城。

江密峰长岭在城东北一百二十余里，西接无名山岭，为乌和林河、齐克滕河发源处，南连柳茅窝吉等，山东为柳茅河、西为特林河发源处，曲径相通，为赴兴凯湖必由之路。青沟岭在城东四百余里，北为格门必拉霍真河发源处，东南群峰络绎，与大横山接，东北支干蜿蜒，与乌扎库岭接。乌扎库岭在城东北五百余里，赴兴凯湖必经之路，南接大横山北麓，绵亘数百里，入三姓界，黄泥河、石头河及阿尔滚、绥芬等河发源处，东为白珍河、乌扎库河、白棱河发源处。大横山在城东南四百余里，颠有俄夷界牌，北接乌扎库山，东南接连大山系，入于俄界，不能详叙。其西南山岭相续，与汉堤塔接，北为里八道河，南为外八道河发源处。汉堤塔在城东南四百余里，乃赴绥芬必经之路，南接小孤山，为瑚布图河发源处，又南山峦相续，接通肯山，乃为珲春境。穆棱窝吉在城东南二百余里，西麓蜿蜒，接老松岭，东干络绎，接连参山，南为嘎哈河，北为穆棱河发源处。老松岭在城南一百四十余里，一名照老岭，西南峰峦相续，与哈勒巴岭接连，南接无名大山，即布尔哈图围场，东接穆棱窝吉，南为梨树沟河、萨奇库河、阿密达河、胡郎吉河发源处，北为松津、阿堡等河发源处，中通曲径，系赴珲春必由之路。朱克伦岭在城西北一百四十余里，西近都林河。商西岭在城西北二百二十里，南为米占等河发源处，北麓重叠，接连色齐窝吉，是为拉林界，东接无名山岭，至半拉砑子，为萨勒布河、福塔密河、加木屯河发源处。猪咀砑子在城北一百三十里，东临瑚尔哈河，中有盘曲小径，赴三姓陆路必由此过。半拉砑子在城北一百八十里，东临瑚尔哈河，西接商西支干，孤峰卓立，高耸云端，盘径可通，为赴三姓必经之路。字儿砑子在城北二百余里，西临瑚尔哈河东，山岭重叠，接松密峰之支干。牡丹江源出吉林界，城西南二百四十里，引都林河、山壁河、富尔哈河，始为勒富陈河，入于镜泊。镜泊即阿卜湖，一名必尔滕，在城西南一百余里，群流汇集，随成巨浸，宽十余里，长七十余里，四围峰峦罗列，峭壁周环，西受勒富陈河，南受渣准河、松津河、柳树河，北受朱克伦河、必尔罕河，诸水悉从山之分峡而入，东口则山断水出，飞瀑悬崖，泼空而下，声闻数十里，俗谓之吊水湖，一名响水，又名发库，总之，乃瑚尔哈河发源处也。瑚尔哈河源出镜泊，即牡丹江城西南百里，曲折东北，引阿卜河、法尔撒河、布泥河、玛勒胡哩河、沙兰河、牡丹河，会索勒霍绰河，复东流，直长十里而无曲折，经塔城南里许，又东流，引塔克通吉河，折而北流，引商坚必尔罕河、花兰河、胡西哈哩河，会海兰河，复引乜河、特林河、富塔密河、齐克滕河、萨勒布河、乌和林河、舒兰河，下为三道恶河，至阿木兰河东北，流入三姓界。朱克伦河源出朱克伦岭，城西北一百四十里，曲折而南，引塔拉河、阿木兰入镜泊。必尔罕河源出朱克伦岭之支干，城西北百余里，引俄莫贺河、扼虎河，南流入镜泊。布泥河源出朱克伦岭南无名山，南流至德林石甸，分为二流，西流曰法尔撒河，东即布泥河，均入瑚尔哈河，二水夹流之中，名曰德林石，又名石头甸子。索勒霍绰河源出老松岭，城南一百四十里，曲折而北，引佛讷城倭楞河、嘎思哈河，又北入瑚尔哈河。海兰河源出商西岭，城西北二百余里，东南流，引米占河、舍哩河、俄克托河、加木屯河入瑚尔哈河。嘎哈哩河源出穆楞窝吉，城东南二百余里，西南流，引胡郎吉河、阿密达河、萨库河、梨树沟河入珲春界。穆棱河源出穆棱窝吉，城东南二百余里，曲折东北，引胡拉密河、柳茅河、霍真河、石头河，流入三姓界。霍真河源出清沟岭，城东四百余里，曲折西北，引格门必拉入穆棱河。石头河源出清沟岭之北干无名山，北流，引黄泥河入穆棱河。大绥芬河源出参山之中，城南三百余里，曲折而来，引额尔滚、小绥芬河，经汉堤塔，会瑚布图河、外八道河，入俄夷界，下流碍难详考。俄尔滚、小绥芬河源出乌扎库岭西南之无名大山，曲折南流，引里八道河，入大绥芬河。白棱河、乌扎库河源出乌扎库岭，曲折东流，入兴凯湖。西洋河、门河源出大横山之东麓，东入兴凯湖。兴凯湖在城东七百里，距乌扎库台四十里，西受白棱河、乌扎库河、西洋河、门河之水，由松阿岔河，即乌苏里江源，以东以南均为俄界。以上山河均隶宁古塔属境。即枝干下流有接入某境者，皆分晰补叙于后。惟过俄界以东，虽有著名山川，未经履勘，系仿摹旧图绘画，源流形势，碍难详考，理合登明。

珲 春 城

珲春，在吉林城东南一千二百余里，协领治焉。领卡伦二十二，村屯十二。居住旗民一千四百七十户。东及东南、正南均至分水岭俄夷界，西至图们江界，北至宁古塔嘎哈哩河界，西北至哈勒巴岭界，西南至图们江口界。东西距六百五十里，南北距二百七十里。分水岭卡伦在城东二百二十余里，设官一员，兵二十名。湾沟卡伦在城东一百九十里，设官一员，兵十二名。黑山背卡伦在城东一百六十里，设官一员，兵十二名。图们江河口卡伦在城东北一百六十里，设官一员，兵十二名。梨树沟卡伦在城东一百四十里，设官一员，兵十二名。西北沟卡伦在城东南一百二十里，设官一员，兵十二名。黑堤塔卡伦在城东一百十里，设官一员，兵十二名。托吉卡伦在城东南九十里，设官一员，兵十二名。柳树河卡伦在城东七十里，设官一员，兵十二名。胡兰哈达卡伦在城东南五十里，设官一员，兵二十名。大岭底卡伦在城东南四十里，设官一员，兵二十名。二道河卡伦在城南二十五里，设官一员，兵二十名。玛尔佳河卡伦在城南五十五里，设官一员，兵十二名。霍兰沟卡伦在城西南四十里，设官一员，兵十二名。

以上各卡为防守沿边。与俄夷分疆之界址一带，乃系新设之卡。

哈达玛卡伦在城东三十五里，设官一员，兵十名。奇克特恩斐依达库卡伦在城北三十五里，设官一员，兵六名。密占卡伦在城西北六十里，设官一员，兵十名。穆克德和卡伦在城西北一百二十里，设官一员，兵十名。哈顺卡伦在城西北一百七十里，设官一员，兵十名。嘎哈哩卡伦在城西一百七十里，设官一员，兵十名。磨盘山卡伦在城西二百二十里，设官一员，兵十名。四道沟卡伦在城西二百七十里，设官一员，兵十名。乌郎阿哈达卡伦在城西北三百一十里，设官一员，兵十二名。

以上各卡为防守参山而设。

通肯山在城东北二百五十里。山势耸峻，子出群峰之上，东与分水岭相接，北则层峦蜿蜒，接连汉堤塔山，南为珲春河，西为哈顺河发源处。分水岭十三群峰络绎，蜿蜒不绝，西南由土们江口起，东北接通肯山，北连塔群诸山，绵亘六百余里，其所接连各山，曰胡兰哈达、佛多石、石岭、乌尔古山、巴彦和硕山、长岭子、摩力库哈达即夏渣山，西南至达尔吉山止，等山相接，总名曰分水岭，其巅系与俄国分疆之界，阳坡之水均归于海，北流之水均入珲春河。浑珠霍山在城西南八十里，干接达尔吉山，北接渚浑渚山。玛勒佳山、霍兰沟山均为分水岭之枝干，即浑珠霍河、渚浑渚河、玛勒佳河、哈舒库河发源处。土们山在城东北一百二十里，西为英安河，东为土们河发源处，东北接连通肯山，北接砍椽背山，为密占河发源处，南干纷歧，接干密占山、荒山、坡山、盘岭、三道岭、勒特山、头道沟山、二道沟山、三道沟山、四道沟山、五道沟山、六道沟山，为密占、头、二、三、四、五、六道沟等河发源处。密占山在城西北一百三十里，东北支干络绎，接连土们山，西近土们江沿。德通额岭在城北一百二十里，东接无名山，即德通额河、穆克德河发源处。牛瓮尼雅哈岭、沙金沟岭、哈顺山、富尔哈山均在城西北，西近嘎哈哩河沿。牡丹山在城西北三百余里，北麓脉接老松岭，南接依兰山，为依兰、牡丹河、霍吉河发源处。达尔环霍罗山在城西北三百余里，接连哈勒巴岭。玛大冈山在城西北三百三十里，南临土们江沿，北为四道、五道、六道、七道、八道等沟发源处。哈勒巴岭在城西北四百余里，西为省界，东为布尔哈吞河发源处，南接依兰山为依兰河发源处，西接省境无名大山，为头道沟、海兰河发源处。

　　土们江源出吉林长白山，在城西四百余里，东流，入于本境，经玛大冈，引嘎哈哩河、穆克德河、石头河、密占河、斐由霍河，折而南流，会珲春河，复引哈舒库河、渚浑渚河、浑绰霍河入于海。珲春河源出通肯山，城东北二百五十余里，曲折南流，引斐烟河，复西南流，引湾沟河、土门子河、黑水背河、六道沟河、梨树沟河、五道沟河、西北沟河、复折而西流，引四道沟河、托吉河、胡芦必拉河、三道沟河、尼雅木尼雅库河、二道沟河、头道沟河、伯霍哩河、勒特河，经城南里许，引二道河，复西南入土们江。嘎哈哩河源出宁古塔境，城北三百余里，流入于本境，曲折南流，引富尔哈河、霍吉河，会哈顺河，复引牡丹河、德通额河，会海兰河，南流，入土们江。哈顺河源出城东北之通肯山，曲折而西，引小哈顺河入嘎哈哩河。海兰河源出哈勒巴岭，城西北四百余里，东流，引头、二、三、四、五、六、七、八道沟，布尔哈吞河、依兰河入嘎哈哩河。布尔哈吞河源出哈勒巴岭，东南流，引图们河、烟扎河入海兰河。密占河源出土们山之西北干，西南流，引干密占河入图们江。哈舒库河源出霍兰沟山，西南流，引玛勒佳河入图们江。浑渚霍河、渚浑渚河其源均出分水岭，西流，入图们江。

　　以上山河均隶珲春境内。其界外虽有著名山川、岛屿，惟地已属俄夷，不能越勘，仅照旧图仿摹、注说，而其源流脉络，则无从考究矣。

伯 都 讷 城

伯都讷，在吉林西北五百八十里，副都统及理事同知同治焉。领驿站八，卡伦二，村屯一百六十三。居住旗民一万三千六十户。东至拉林河界，西及北均至松花江界，南至巴彦鄂佛罗边门界，东南至四道梁子与吉林拉林界址毗连。东西距二百八十里，南北距四百里。伯德讷站在城北二十里，东南至社哩站六十里。社哩站在城东南五十里，东南至浩色站五十里。浩色站在城东南一百十里，东南至逊扎保站三十五里。逊扎保站在城东南一百四十五里，东南至陶赉昭站五十里。陶赉昭站在城东南一百九十五里，东南至盟温站五十五里。盟温站在城东南二百五十里，东南至登尔勒哲库站七十里。登尔勒哲库站在城东南三百三十里，南至法特哈站七十里。蒙古喀抡站在城东南三百余里，西南至登尔勒哲库站一百里，东北至拉林多欢站九十里。代吉卡伦在城东北一百二十里，设官一员，兵五名。哈斯罕保卡伦在城东北六十五里，设官一员，兵五名。以上二卡为看守闲荒而设。

四道梁子在城东南四百余里，西接花园山，南与省属乌拉东接，山东北接无名小山，为二道河、五道河发源处。亮甲山在城东南四百里，为吉林、伯都讷分界之区，巴彦鄂佛罗边东由此山起。花园山东接四道梁，西接亮甲山，北为泥鳅沟发源处。万寿山在城东南三百余里，西南与青顶子接。牛头山在城东南三百十四里，东北近拉林河。雷劈山在城东南二百六十五里。讷城四十个咀子，又名老坎子，东由此山起，逶迤而西，经珠尔山，复迤而北，沿拉林河至拉林河口。复迤而西，至城北松花江沿而止。嘎萨哩河源出省境，逾巴彦鄂佛罗边门。曲折而北，引泥鳅沟、二道河，复东折，至牛头山之南入拉林河。

以上伯都讷属境。该处地居边外，极目平原，间有著名之山，率皆冈阜之类，并无险峻处所，惟树屯密迩，声息相通，可期守望相助耳。

三　姓　城

三姓，在吉林城东北一千二百里，副都统治焉。领台卡四十三，驿站五，村屯七十九。居住旗民五千八百八十七户。东界乌苏里江沿，西界玛延河沿，南界宁古塔之阿木兰河，北界松花江，东南界穆棱河，西南商西岭之东北干，东北界乌苏里江口，西北逾松花江，至黑龙江之封堆界。东西距一千五百五十里，南北距六百五十里。大瓦丹台在城东北六十五里，设官一员，兵五名。穆什图台在城东北一百三十里，设官一员，兵五名。格吉勒台在城东北一百七十七里，设官一员，兵五名。得依狠台在城东北二百五十四里，设官一员，兵五名。瓦哩霍吞台在城东北三百二十四里，设官一员，兵五名。喀尔库玛台在城东北四百里，设官一员，兵五名。霍悦罗台在东北四百四十里，设官一员，兵五名。富替新台在城东北四百八十里，设官一员，兵五名。固布扎拉台在城东北五百四十五里，设官一员，兵五名。街金台在城东北七百四十四里，设官一员，兵五名。付汤吉台在城东北一千四十四里，设官一员，兵五名。僧木德悬台在城东北一千四百二十四里，设官一员，兵五名。偏江砑子台在僧木德悬台南五百七十四里，设官二员，兵十三名。穆棱河台在偏江矸子台南三百三十八里，设官一员，兵五名。杨木桥台在穆棱河台西北三十里，设官一员，兵四名。凉水泉台在杨木桥台西南一百十里，设官一员，兵四名。石头河台在凉水泉台西北一百十里，设官一员，兵四名。柳树河台在石头河台西北一百二十里，设官一员，兵四名。老岭台在柳树河台西北一百三十五里，设官一员，兵五名。奇塔台在老岭台西北一百三十五，设官一员，兵五名。羝羊矸台在奇塔台西北一百十里，设官一员，兵五名。以上诸台系沿松花江、乌苏里江、穆棱河、菲底河、窝坑河而设。

窝坑卡伦在城东北二里，设官一员，兵五名。音达木卡伦在城东北一百八十里，设官一员，兵十五名。黑河口卡伦在城东北五百里，设官二员，兵一百八十一名。乌苏里卡伦在城东北一千五百三十余里，设官三员，兵二十名。挠力卡伦在城东一千五百余里，设官二员，兵十三名。呢卡伦在城东南一千六百余里，设官二员，兵十三名。穆棱卡伦在城东南九百余里，设官三员，兵十八名。老岭卡伦与老岭台在一处，在城东南五百余里，设官二员，兵一百名。二道河卡伦在城东南二百五十余里，设官一员，兵三十九名。黑背卡伦在城东南二百里，设官一员，兵五十名。富勒霍乌那浑卡伦在城西北一百二十余里，设官一员，兵二名。玛延河口卡伦在城西北一百七十里，设官一员，兵四名。以上各卡为防守沿边及保护参山而设。

佛斯亨站在城西二百八十里，西南逾松花江，至色勒佛特库站八十里，东至富拉珲站七十里。富拉珲站在城西二百十里，东至崇古尔库站六十里。崇古尔库站在城西一百五十里，东至鄂勒果木索站九十里。鄂勒果木索站在城西六十里，东至妙嘎山站六十里。妙嘎山站在城北，南逾松花江，即至三姓城。

　　寒葱顶子在城东南千余里，东南接火石山，西南与黑咀子接，西北山峦相续，接分水岭，为小木坑河、七户林河、杨木桥、半拉窝吉河、石头河发源处。大顶子在城东南七百余里，南接太平砑，北接无名山岭，为柳树河、大、小杨树河发源处。歪头砑在城东南五百余里，东南接大、小猪山，为石头沟河发源处，北为乱泥沟、挠力、三岔发源处。崩松顶子在非底河沿，西为跳石溏，宽、长数十里，怪石层峻，如星罗棋布，复接五付塌板、炤子山，为五付塌板河发源处。对头砑在城东南四百余里，北接老岭，为西津必拉茄子河发源处，南接锅盔山，为锅盔河发源处，东即非底河之源。老岭又名分水岭，在城东南四百余里，联群山之脉，发诸河之源，附近之山虽各具其名，究为老岭之支干，由西南而东北，由牡丹江沿蜿蜒至挠力河沿，绵亘七百余里，均名之曰老岭。南面水归穆棱河，北面水归窝坑、挠力等河。奇力嘎山在城东南四百余里，西为挠力河源，东接烟筒砑子，北接元宝顶子，均分老岭之脉。牛心顶子在城南五百余里，东麓蜿蜒接老岭，北为色津必拉河源。锅盔山在城东南三百余里，南麓蜿蜒接杨木冈，又南接东壮楼山，东北峰峦重叠，复南接搅杆顶子，窝坑河、东北岔、西北岔悉于此发源。莫林达山在城东四百余里，东与一窝哈达、北与双庙岭接，为双柳树河发源处。七星砑子在城东南三百余里，东为一窝必拉河，西为奇湖力河，西北为七星河发源处。双砑子在城东南三百里，南为瓦浑必拉、罗圈沟、柳茅子沟等河发源处。别拉音山在城东三百余里，西接乌尔固力山，西南接窑楚勒冈，东连无名山，为街金河发源处。玛库力山在城东二百余里，南接大、小长脖子山，西为音达木河，东为马答沟、匾石河、大眼沟河发源处，西南支干络绎，接贴岭山，为梅河之源，复接儿尔山、团山子、横头山，近窝坑河沿。大顶子在城东南二百余里，北麓蜿蜒，为桦皮河、巴胡力河发源处，南为石头河发源处。大砑子在城东一百余里，东接草帽顶子，西接猪山，北为火龙沟、洋金必拉舒尔河发源处。骆驼砑子在城南三百余里，东南支干联络，接双桠子，近老岭，西接西北楞山，西南接无名大山，为乌斯户河发源处，东为和楞珠河、小碾子沟河发源处。鹿雅盘山在城南二百余里，东接羬羊砑，为大坨腰等河发源处，西接高丽盘道，北麓络绎，接庙尔岭、小恒头山，为漂汤河发源处。城墙砑子在城南三百余里，北接五个咀子，南近四道河，西接无名大山，即接玛延川一带。大、小迎门石在城南四百余里，北接马架子、忘八砑子，东近牡丹江，西接无名大山，为四道河发源处。小江子即牡丹江，又名滹尔哈珂，源出宁古塔，在城南五百余里入本界，曲折北流，引三道河、四道河、五道河、会乌斯户河，复引西芬沟、宅非河、代恒河，会漂汤河，北流入松花江。乌苏里江源出塔境之兴凯湖，名松阿岔，在城东南一千余里，流入本境，会穆棱河，始名乌苏里江，曲折北流，引杨木桥河、七户林河、小木坑河、独木河、会挠力河，北流，复引青云河入松花江，其江以东均属俄界，东而所引之河虽注其名，而源流莫考。玛延河源出吉林之色齐窝集，在城南五百余里，北流，引无名小河，引东亮子河入松花江，西为阿勒楚喀界，东为三姓界。乌斯户河源出骆驼砑之支干，城南三百余里，北流，引龙爪沟河、额和饮河、胡水河、必拉河、西北楞河、黑背河入牡丹江。漂汤河源出庙尔岭，城南一百五十余里，北流，引黑林河，复折入牡丹江。窝坑河源出锅盆山，城东南三百余里，南流，引西北岔、东北岔，复西折，会瓦浑必拉河、西津必拉河，曲折西北，引奇塔河、杨树河、小坨腰子河、偏脸子河、陡沟子河、大小碾子沟河、杏树沟河和楞珠尔河、羬羊砑河、鸡心河、大坨腰河、半截河、会奇湖力河，复引巴湖力河、梅河、羊吉沟，北流入松花江。瓦浑必拉河源出双杼子，城东南二百余里，东南流，引罗圈沟、柳茅子沟入窝坑河。奇胡力河源出七星砑，城东南三百余里，西北流，引六、五、四、三、二、头道沟。复西南流，引梨树沟、柳树沟、寒葱沟、石头河入窝坑河。穆棱河源出宁古塔界，在城东南六百余里，流入本境，曲折而东，引堤塔河、哈达河、锅盔河、会非底河，复引石头河、半拉窝吉河入乌苏里江。堤塔河源出毗连塔界之无名大山，城南五百余里，东流，引称子河，其南岸沿河一带峭壁插空，连亘一百余里，波浪惊狂，入于穆棱河。非底河源出老岭，城东南五百余里，东南流，引头、二、三道、柳树河、五付塌板河、石头沟河、大小杨树河，复南折入穆棱河。挠力河源出老岭，北流，引挠力、三岔、色津必拉，会一窝必拉、七星河，折而东流，引蛤蚂通河、柳木桥河、水曲柳桥河、半截河、保清河、七里饮河、大小贾西河，入于乌苏里江。一窝必拉河源出七星砑，会大小梨树沟、乱泥沟，东流入挠力河。七星河源出七星砑，西北流，复东折，引玛答沟、匾石河、大眼沟、柳树河、哈达密河、昂帮沟、双柳树河，复南，折入挠力河。

　　以上各山河均在乌苏里江以西。江东即属俄界，山河无可考据，虽照旧图绘注，亦皆略而不详，若以向日途程稽之，由乌苏里江至东海，尚约二千余里，今不过绘其大概而已。再松花江北逾封堆而外，系属黑龙江界，至黑河口以下，南为三姓界，北为俄夷界，至乌苏里口以下，江名混同，南北均归俄夷矣。

阿勒楚喀城

阿勒楚喀，在吉林城东北四百八十里，副都统治焉。领卡伦五，驿站三，村屯六十四。居住旗民五千二百八十六户。东至玛延河三姓界，西及西南、西北均至拉林封堆界。南至阿什河沿界，北至松花江界，东南界乌吉密河，东北界玛延河口。东西距四百余里，南北距三百里。佛多霍卡伦在城东南四十里，设官一员，兵四十名。尼雅马善卡伦在城东五十里，设官一员，兵四名。蜚克图卡伦在城东北一百五里，设官一员，兵八名。海鹿浑卡伦在城东北一百七十五里，设官一员，兵八名。呼兰卡伦在城北一百三十里，设官一员，兵八名。以上各卡为防守禁山及盘诘奸宄而设。

萨库哩站在城南二十里，南至拉林多欢站六十五里，北至蜚克图站八十里。蜚克图站在城东北六十里，东北至色勒佛特库站一百四里。色勒佛特库站在城东北一百六十里，北逾江，至三姓之佛斯亨站八十里。

老岭在城东南二百五十余里。南接拉林属境之马彦窝吉，峰峦相续，南北连亘一百余里，凡附近诸山，均分老岭之支干，东面水归玛延河，接万宝山、牛心顶、双枒子，为乌吉密河、大小亮子河发源处，西为阿什河发源处。松峰岭在城东南二百里，东南接吊水湖、山尖砑子，由尖砑子蜿蜒而西，接爬头山、元宝山，并接光屁股顶子，为二、三、四道河发源处。老母顶在城东南一百五十余里，西干络绎，接横头山，又北接小岭，为头道河发源处。七里半山在城东南百余里，东北接磐岭、庙岭、观音堂，为半截河之源，南接大、小分水岭及蹶尾巴岭，西为蛤蟆河、沙河子、大小石头河发源处。七个顶子在城南一百五十里，东北脉络接回龙山、关门咀，西为泉源河发源处。嘉松阿山在城东南二百余里，东与老岭接，即蜚克图河发源处，西接庙岭、三道岭等山。大荒顶在城东二百五十余里，西接老岭之双桠子，东北接二荒顶、板石山、横头山，东为头道柳树河、板石河，西北为石洞河、横道河发源处。高丽帽山在城东北二百余里，东接平冈，由平冈则支节陆续接松树背，以东为二、三道、柳树河及筒子沟河，西为淘淇河，北为高丽帽子、摆渡等河发源处。大青背山即爱兴阿山，在城东一百七十里，东接老岭，为扎巴尔罕河发源处，北接香炉砑、石洞山，为海鹿浑河发源处。山彦哈达山在城东北二百里，东为马蛇子河，西为二道海鹿浑河发源处，北接庙岭，为头道海鹿浑河发源处，迤逦正北，接猴石近松花江沿。安巴山彦哈达山在城东一百五十余里，北接棺材砑，西接红石砑，为尔奔佛拉库河、柳树河发源处。尖儿砑在城东百里，北接一面砑，西南接无名小山，为洼浑河、大小海沟河发源处，东为社哩河发源处。法特哈顶子在城东北一百五十余里，即乌尔河发源处，西南接连团山子、太平山，北接老龙头，近松花江沿。阿什河源出老岭，在城东南二百五十余里，曲折东流，引四道河、头道河，复北折，引泉源河、大小石头河、沙河子、蛤蟆河、荒沟河、筒子沟河、腰沟河，会洼浑河入松花江。头道河源出小岭，城东南一百余里，东南流，引二、三道河，复西南，折入于阿什河。洼浑河源出尖儿砑之西北干，城东一百余里，西流，引大、小海兰河入阿什河。蜚克图河源出嘉松阿山，城东二百里，西北流，引尔奔布拉库河、柳树河、社哩河，复北流入松花江。海鹿浑河源出香炉砑，城东北一百五十里，北流，引二道海鹿浑、头道海鹿浑入松花江。扎巴尔罕河源出大青背，在城东北二百里，北流，引石洞河、横道河入松花江。高丽帽子河源出高丽帽山，在城东北二百余里，引摆渡河，北流，入松花江。玛延河源出吉林之色齐窝吉，曲折而北，会乌吉密河入于本境，复引大小亮子河、头道柳树河、板石河、二道三道柳树河、筒子沟河、梨树河入松花江，河东为三姓界，其河东、西均名之曰玛延川。

拉 林 城

拉林，在吉林城东北四百里，协领治焉。驿站一，村屯一百三十四。居住旗民五千一百三十二户。东至阿勒楚喀封堆界，南及西均至拉林河、伯都讷界，北至松花江界，东南禁山接吉林界，西环双城。除一堡之外，东西距一百六十余里，南北距二百五十余里，东南至禁山五百余里。该处向有防守禁山卡伦六道，嗣因禁山之中设立五常堡，因将卡伦裁撤矣。拉林多欢站在城南二十里，南至蒙古喀抢站九十里，北至萨库哩站六十里。硕多库山在城东南几十里，南接石头咀子，近莫勒悬河沿，北接堤塔咀子、白石砑、倒攀岭，近黄泥河沿。帽儿山在城东南一百五十余里，高耸云端，孑出群峰之表，西干蜿蜒，与大、小青顶接，南接笔架山，西北接花儿砑子，络绎至老岭，为黄泥河发源处。爬头山在城东南一百六十里，西接红花顶一颗松，东接棒槌砑、太平岭，南为二、三、四、五道黄泥河发源处。雅钦西尔哈山在城东南八十五里，东、西近莫勒悬、拉林等河沿，东南接桃山、沙山子，为柳树河发源处。三个顶子在城东南一百八十五里，西南接连炕沿山、连环山、小关门嘴子，东接黄梁子，西接欢喜岭、信发山，北为杨树河、拐棒河、滕家河，东为七

□四等河发源处。摩天岭在城东南二百五十余里，南近拉林河，北接双树子、金银坑，至莫勒悬河沿，连亘四五十里，东南接红石砑，东北接松树顶，西接磨石顶。鸡冠山在城东南二百四十里，东近莫勒悬河沿，北接硫黄山，为蛤蚂河发源处。馒头顶在城东南二百四十里，南接乌拉禁山，北接大山冈，为石头河发源处，西接三个顶、常山冈、荒冈，络绎至双岔头，以南均属省界。常寿山在城南二百里，南接锉草顶，为省属禁山，西近凉水泉，再西至封堆，为伯都讷界。大乌吉密山在城东南二百五十余里，东□□□窝吉近玛延河沿。四方顶山在城东南三百余里，南接草帽顶，西南接刺猬顶，为大小泥河、石头河发源处。三柱香山在城东南四百余里，东北接大土顶，复接无名山，为头、二道葱河，苇沙河发源处，南接吉林色齐窝吉，西北大、二青顶山，西近莫勒悬河沿。拉林河源出吉林禁山，至红石砑入于本境，在城东南二百八十余里，西北流，引蛤蚂河、石头河，会舒兰河，复引凉水泉、四道河，会莫勒悬河，复西流，又北折入松花江，以南以西均为讷城界。莫勒悬河源出吉林色齐窝吉，在城东南三百七十五里，流入本境，曲折西北，引头、二道葱河、七四河，会苇沙河，西折，引条子河、李六河、涌水泉河、半截河、滕家河、杨树河、拐棒河、琉璃河、柳树河、五、四、三、二、头道黄泥河、背阳河入拉林河。黄泥河源出老岭，在城东南三百余里，西□□至笔架山，复西流，入阿什河。苇沙河源出无名山，在城东南三百二十里，曲折西北，引小泥河、石头河入莫勒悬河。玛延河源出吉林之色齐窝吉，北流，引亮子河，又北流二百五十余里，引乌吉密河，西为拉林界，东为三姓界，亮子河南系吉林界，乌吉密河北系阿勒楚喀界。

双 城 堡 城

双城堡，在吉林城东北四百八十里，总管治焉。领驿站一，即双城站，隶双城堡城。村屯三十一，居住旗民四千四百五十八户。在拉林腹里，四面立与拉林分界之封堆，既无山河、洼隰，又无阜冈相连，一望平原，村屯四列。东西距一百三十余里，南北距九十余里。

长 春 厅

长春厅，在吉林城西北三百里，理事通判治焉。领村屯六十五，居民五千一百五十户。东南界省城边，□□界昌图厅，东北界松花江，北及西北均界郭尔罗斯□，东西距二百五十里，南北距三百里。伊通河源出吉林界。逾伊通边，曲折而北，经城东里许，北流，复东折入伊勒们河。伊勒们河源出吉林界，由依勒们台东逾边，北流，引海雾河，会伊通河，复东北流入松花江。木石河源出吉林界，由七台逾边，北流，引太平沟河，复东折，入松花江。

以上长春厅属境，极目平原，即有著名之山，皆冈阜之属，册内不便声叙，只于图内注明。

以上吉林通省形势。已将某山接连某脉，某河汇归某流，远近、险易、营汛、卡伦、官弁数目，分晰声叙，惟各处村屯、俗名、河岭为数过多，册内碍难备载者，均于图上分别注别，□□登明。

同治四年四月十五日

吉林地略

武进　马冠群　　著
吉林　杨立新　整理

吉 林 地 略

武进　马冠群　著

　　乌喇，即辽之宁江州混同军。金史：太祖克宁江州，降移燉，益海路大弯、照撒等，败辽兵于婆剌赶山，趋达鲁古城，进攻黄龙府，遂克显州。又云：十月朔，克宁江州，次来流城。《松漠纪闻》云：来流河，去混同江百十里，来流城在宁江州西。是时，金师自东而西，故乘胜直至黄龙府显州。大乌喇虞村去船厂八十余里。洪忠宣路程纪，上京三十里至会宁头铺，三十五里至二铺，三十五里至阿萨铺，三十里至来流河，三十里至报打孛堇铺，七十里至宾州混同江，是金东京，在金宁古塔西，混同江东，今色出窝稽岭上，土城址尚在，土人指为金时关门，即金东京也。船厂始于顺治十八年，昂邦章京萨儿吴代造船征阿罗斯。万季野云：本永乐时船厂。陈季尹云：初至小吴喇尚无造船之事，而穿井辄得败船板锈铁钉。是万说可信。故宾州在长宁南，勃海故城。辽政和十七年，于混同、鸭子二水间置宾州。金初败辽军于斡邻泺，东取宾、祥、威三州，进薄益州。即此州西南有辽祥州瑞圣军，治怀德县。州南有威州武宁军。俱属黄龙府。

　　长白山，土名歆尔民商坚阿邻，通志作果尔敏善延阿林，古名不咸，一名太白，亦名白山。在乌喇南六百里，五峰环峙，南一峰稍下如门，中有潭，周二十五里，潭水南流入海者三，曰土门江、鸭绿江、佟家江。

北流者五，曰赛因讷因河、额黑讷因河、昂邦土拉库河、孃木孃库河、阿脊革土拉库河，总汇于混同江。叶隆礼《辽志》云：长白山，在冷山东南百余里，白衣观音所居，黑水发源处即此。康熙十八年，于宁古塔西南九里温德恒山致祭，今改祭于船厂城外。衣兰茂山，在混同江东，上有衣兰茂城。衣努山、额敦山、富尔呼河、飞处河发源处，勒富善冈，俱在吉林乌喇城东南。佛尔门山、佛斯衡山、费德哩山、勒克山、黑林岭、黑岭、青岭、盛音吉林峰，俱在吉林乌喇城南。望祭山，即温德恒山。衣兰穆哈立延山，拉新河发源处。寿山、白石山、乌鲁哩山、乌鲁哩河发源处。爱新山、达喜穆鲁山、古城山，勒富山、札克丹山、乌雅富山，即威远堡纳鲁山。达扬阿山、乌立山、阿鲁山、萨穆禅山，太子河发源处。三股泉山、活络惶子山、费雅朗阿山、马察山、俊团山，即和齐昆穆哈立延山，近凤凰城边外之宣城。谙巴和罗山、楼房山、长岭子，土名果尔敏朱敦，为众水分流之地，东北流为辽吉善发辉等河，西北流为英额瞻河，哈达、叶赫、赫尔苏等河，香岭，呼鲁河发源处。达扬阿岭、呼伦岭、喀巴岭，长白山南分水岭之支干。吉林峰，一名鸡冠山，衣巴丹河发源处，额赫峰、呼兰峰、衣车峰，有哈达新城，昂阿西峰，有乌苏哩堡，谙巴和托峰，富尔哈等河发源处，阿济格和托峰、札克丹峰、朱鲁穆克善峰，峰东为鸭绿江，西为佟家江，蒙古峪，俱在吉林乌喇城西南。雅呼达山、阿尔坦额墨尔山，《明志》作阿儿千山，赫尔苏山、叶赫山、雅克萨山，有青阳甫城，蒲汩山，一名鄂克济哈鄂摩山，朱鲁穆哈立延峰；苏瓦延冈、朱鲁喀尔毕库冈，俱在吉林乌喇城西。马额山、呼兰山、额苏乌兰山、博屯山、勒克山、布尔德库苏巴尔汉山，俱在吉林乌喇城西北。巴延鄂佛罗山，在吉林乌喇城北。拉林山，拉林河发源处，摩林山、札松阿山，在吉林乌喇城东北。

混同江，古粟末水，一作速末，亦名鸭子河。东源出长白山顶潭水，土名图喇库，二派分流，东曰谙巴图喇库，西曰阿济格图拉库，东流合尼雅穆尼雅库河、赫通额河北行。西源二派，东曰额赫纳音河，西曰赛音纳音河，北流与东泒会，绕宁江州城东南，出边折而西北，绕白都讷城西北，会嫩江、呼尔哈河、黑龙江、乌苏里江，绕奇勒尔、赫哲、费雅喀诸部，入东海。魏书：勿吉有大水阔三里余，名速末水。唐书：粟末靺鞨，依粟末水以居。辽史圣宗太平四年，诏改鸭子河曰混同江；营卫志：鸭子河泺，在长春州东北三十五里，本大小二水同名，大水改混同江，小水仍称鸭子河。

鸭绿江，古马訾水，源出长白山西南流，与朝鲜分界，合盐难水，至安平城入海，一名益州江、叆江。佟家江，一名通吉雅江，即古盐难水，出长白山西南，合哈尔敏等河，会鸭绿江入海，一名大虫江。塞朱伦河、哈瞻河、永安西库河、达呼河、吉朗吉海兰河、五里河，俱出纳秦窝集；赫通额河，出勒富善冈；富尔呼河、塞勒河、萨穆西河、穆陈河、噶鲁河、衣西白陈河，俱出塞齐窝集；飞虎河，出额敦山，佛多和河、雅门河，出纳穆窝集；拉发河、爱呼河，出纳鲁窝集，俱在吉林乌喇城东南。衣汉河、西兰河、札尔古齐河在吉林乌喇城北。摩克托舍哩河、尼堪河、丕河，出黑岭；温水河、西尔门河、哲松额河、卓隆果河、奇雅库河、理河札哈河、舍哩门，俱出勒克山；纳尔浑河，出佛斯衡山；瓦穆呼河，法河、辉发河上流为辽吉善河，一名灰扒江；图门河、托津河、觉哈河、索尔和河、布尔堪河、三屯河、奇尔萨河、德佛河、马延河、佛尔门河，俱在吉林乌喇城南。朱敦河，出长岭子，巴延河、谙巴梅赫河、富尔哈河、温德衡河、呼鲁河、尼西哈河、库瓦兰河、科多河、哈尔敏河、喀尔敏河、吉雅尔图库河、吉雅浑河，俱在吉林乌喇城西南。遂哈河、搜登河、衣拉齐河、衣尔门河，出库勒纳窝集，北合萨伦勒富都代河，出边会衣屯河，入混同江。《金史》：温敦姑蒲剌，始居长白山阿不辛河，徙隆州移里闵河，即衣尔门之转音也。屯河，又名一秃河，苏瓦延河、衣巴丹河、谙巴雅哈河、阿济格雅哈河，俱吉林乌喇城西。拉林河、和伦河、摩林河、喀萨哩河、尔楚喀河、海勾河、岳喜河，俱在吉林乌喇城东北。勒富善河、堪济哈河，在吉林乌喇城东南。朱鲁多浑河、山壁河，在吉林乌喇城东。吉雅浑河，出萨穆当阿山，萨穆当阿河、王城河，俱出纳鲁山，呼勒河、衣密叶孙河，俱在康萨岭，苇苦河、马奇河，俱出马察山，章京河、尼马兰河、马家河、哈当阿河、通西库河、金木新河、立吉雅河、吉雅哈河、阿西汉河，出背磴山，瓦尔喀西河，出托相和罗山，尼雅达河、谙巴雅尔呼河、董鄂河，出钮尔门山，阿济格雅尔呼河、大鼓河、小鼓河、和齐昆穆哈立延河、活洛惶子河、破城子河、白马朗河、谙巴和罗河，俱在吉林乌喇城西南。

和尔托和山，在白都讷城东，阿尔楚喀东南。呼兰山，在阿尔楚喀东南。索克托库山，在阿尔楚喀南。哈尔哈山，在阿尔楚喀西南。西尔门山，在阿尔楚喀东北。马渊河，出札松阿山，在阿尔楚喀东。费克图河、札巴兰河，在阿尔楚喀东北。

席伯，一作席帛、锡伯，又作西伯。在船厂边外西南五百余里；陀喇河归喇里河相会之南岸。土著自言与满洲同祖，而役属于科尔沁。

库页岛，属三姓副都统所辖，为混同江口外大护沙。明《开原志》作苦兀；一统图作兀列；特林碑作苦夷；会典分为三姓所属海以外图。岛中打牲部落曰库叶，曰费雅喀，曰俄伦春。岛地北控俄罗斯，南控日本。一说库岛中有库页、雅丹、嵩阔、洛社、瓦狼五部。

宁古塔城，在虎尔哈河北岸，康熙五年建。旧城在今城西北五十里海澜河南，今呼旧街上。觉罗城，在宁古塔城东北八里；俄多里城，在宁古塔城西南三百三十里勒福陈河西岸，地名俄漠惠。本朝远祖始居于此，国号满州。上京故城，在宁古塔城西，忽汗河东，金初亦都此。水侧有皇武殿，为校射之所，又有云锦亭、临漪亭故址。古肃慎城在上京西南三十里；会宁故城，在宁古塔城西六十里，混同江西，本海古地，金之旧土，国初称为内地，东至鹘里改六百三十里，北至蒲与路七里，东南至恤品路一千六百里，至曷懒路一千八百里，"扈从录"名曰火茸城，在沙林东南十五里，旧有会平州，本契丹周特城，天会二年筑。废合兰路，在宁古塔城东南，今图们江北，海兰河海兰城西北至上京千八百里。废恤品路，在宁古塔城东南，今绥芬河双城子，本辽率宾地，天会二年以耶懒路都莩堇所居地瘠徙此。海陵置节度使因名速频。西北至上京千五百七十里，东北至胡里改千一百里，北至边界斡可阿怜二千里。废胡里改路，在宁古塔城东、三姓南一百七十里，土名小巴彦苏苏。西至上京六百三十里，北至合里宾忒一千五百里。五国头城，在宁古塔城东北枪头街，本剖阿里国、盆奴里国、奥里米国、越里笃国、越里吉国地，与虎儿哈近，辽志作胡里改。松花、黑龙二江于此合流。《辽志·五国部》：博和哩国、博诺国、鄂罗穆国、伊埒图国、伊埒希国。又《大金国志》：宋二帝自韩州徙五国城，在西楼东北千里，西楼故临潢，今锡伯城也。又五国城，辽属黄龙府，金属瑚尔喀路，或云三万卫北，或称朝鲜北境者皆非。新满洲，在宁古塔城东北六百里，名虎儿哈部，又六百里名黑斤部，又六百里名费雅哈部，统曰新满洲，一名伊彻满洲。伊彻，新也。三姓城，在宁古塔城东北，土名伊朗哈喇。木克阿里哈山、西木纳山、笨箩山、通垦山，浑春河发源处，乌尔浑山、夏渣山、希喀塔山，乌苏里江、一津河、喜禄河发源处，碧奇山、贺洛峰，窝黑集峰、壶兰峰、舒图岛、勒福岛，俱在宁古塔城东南。

希占山，在宁古塔城南。俄漠惠昂爱山、布腊山、阿克善山、朱录山、商坚峰、虎克图峰、红字岩，俱在宁古塔城西南。汉达山、小白山一名冷山，又名冷陉。《唐书》：契丹兵败阻冷陉以自固，即此，后为避暑处，五月上陉，八月下陉，在宁古塔城西北。阿木兰虎勒山，在虎尔哈河南，壁郎吉山在混同江南，峨尔滚儿山、木里哈山、哈尔浑山、鸟枪山、陡色山、卓尔岐山、折野尔垦山、孟额山、库勒克山、殿山、阳山、库尔倍山、阳武喀山、九文山、楚查琴山、马库山、傲西克特山、宁捏神山、库木纳神山、庙湾山、额尔奇勒山、木岱山、白库山、催马山，俱在宁古塔城东北。吉林峰德林石，《金史·乌春传》作德邻石，在宁古塔城西。查哈喇峰，在宁古塔城北。

松花江，一名宋瓦、松阿里，土名松阿哩乌喇。源出长白山北，经吉林镇城，出法达哈边，折而西，绕白都讷城，合诺尼江，东北流合北来之黑龙江、南来之乌苏里江为混同江。江南属宁古塔地，江北属黑龙江地。康熙十五年，移宁古塔将军驻此，统新旧满兵修造战舰，又名船厂江。河之来入者拉林河、阿尔褚库河、非克图河、奇普拉河、马淹河、呼兰哈河、亦肯河、希非勒河、博诃里河、发克图浑河、敖乾河、音达母河、阿母巴河、呼轮河、通鉴河、纳民河、额浑河、题集米河、呼啦库河、硕罗河、富特库河、木淋河、集格富拉浑河、昂邦掌拉浑河、西林河、昂班乌那浑河、西帛河、昂班呼特亨河、巴兰河，团海发源汪濊出坎佘乌莫庐河，哈木奇河、依春河、查里河、必罕河、窝集河、活河、吞河、洪乌河、木孙河、图河、哈罗河、阿西克滩河，同入江。

乌苏里江，即古胡里改江，出西喀塔山，北流合乌龙、精奇、尼诺尼、松阿里，共为混同江。河之来入者奇母尼河、枯鲁河、努雪必儿特河、克赤富达儿他拉哈河、莫儿奇他拉哈河、格林河、勾根河、料儿古河、卓罗河、多林河、赤克图哈河、必占河、犀陈河、梅枯河、亨滚河、齐林依河、喀图米河、约米河、里赤河、法特海河、朵索米河、哈达乌尔河、厄米勒河、敦敦河、巴拉儿河、必儿古河、由特河、哈尔集河、希拉河、拈达哈河、合力河、刀弯河、希儿巴希河、讷母登忒河、傲梯河、纳民河、葵马河、夏礼河、马哈儿赤河、赫勒里河、发停河、器智河、阿科起河、巴喀河、敖达里河、科齐河。商坚河、花兰河、兵色河，出阿尔晗峰，额伦河、僧奇勒河、必林河、克尔门河、托木津河、模棱河，《金史》腊醅据慕棱水，保固险阻，即此。挪洛河、阿库里河、泥满河、笔兴河、贺洛河，俱在宁古塔城东。

土门江，名一统门、徒门，又名阿也苦河，出长白山，噶哈里河、虎脊河、艾米大河、哈孙河、布尔哈图河、英额河、和土河、海兰河，俱在宁古塔城南。虎尔哈河，出吉林乌拉界，名勒福陈河，唐时名忽汗河、忽汗海，金称按出虎河，一名金水、金源，明称忽儿海河，新满洲诸部居河两岸。塔克通河、河萨奇库河、福尔哈河、浑春河，出通垦山，金史作浑蠢水，勒时河、汉达河，出乌尔浑山，英爱河、密占河、遂分河、俄尔滚遂分河、书番河、福尔单河、浑棹浑河、烟楚河、济声河、哈齐密河、额济密河、蒙古河，出阿番山，渚伦河、喜绿河出希喀塔山南，勒富勒河、乌尔馨河、一津河、额图密河、额壶河、范图河、福齐河、虎野河、勒福河，出查奇里冈，门河、乌札虎里河、都忒黑河、撒里母河、松阿查河，即兴凯湖东北流之水，兴凯湖《明志》作镜泊，大巴库湖、费雅达池、岱都洲、塔扬古洲、妈妈洲，俱在宁古塔城东南。福尔加哈河、松饮河、阿布河、马尔虎里河、必尔滕湖，即虎儿哈之上流，俱在宁古塔城西南。佛多贺河、沙兰河、朱克滕河、阿兰河、塔兰河、必尔汉河、扼虎河，海眼每日三潮与海水应，石头甸子、俄汉惠池，俱在宁古塔城西。虎思喀哩河、蹳黑河、忒林河、齐克滕河、乌黑连河、乌思虎河、翁饮河、巴兰河、吞河、温吞河、都尔河、必占河、奇木宁河、库鲁河、端端河、壁腊尔河、查克苏里河、草林河，出折野尔垦山，托索密河、必津河、夏里河、亨滚河，出卓尔奇山，达尔哈河，出库尔倍山，萨木宁河，出九文山，衣母河出阳武喀山，鲁库河，出楚香琴山，衣密勒河，出宁捏神山，葛尔必河，出傲西克特山，阿马尔河，出马库山，图呼鲁河、牛瓦塔河，出库本勒神山，塔林河，出庙湾山，木泥克河、米密勒河，俱出木岱山，二格垦河，出催马山，葛音湖，混同江口海中大洲，即《唐书》之流鬼国，俱出宁古塔城东北。海兰河、米占河，在宁古塔城西北。加木屯河、舍黑河、俄克托河、福大密河、撒尔布河、舒兰河、阿木兰河、昂邦河、阿思汉河，俱在宁古塔城北。

吉林形势

义乌　朱一新　　著
吉林　杨立新　整理

吉　林　形　势

义乌　朱一新　著

　　吉林之珲春与俄连界，去俄属海参崴屯兵之地，计海道不及五百里。北去俄属伯利屯兵之地，在乌苏里江入黑龙江之口，亦曰伯力，对音无定字也，俄名喀巴罗甫喀。亦不及二千里。自康熙间与俄人定界后，东三省无边警者垂二百年，吉林固无所谓边防也。咸丰八年、十一年两次定界，弃地数千里，而黑龙江之向以安巴格尔必齐河为界者，今则以江为界。吉林迤北向为赫哲、费雅喀诸部所居者，今皆割为俄属。迤东之地向至海者，今则以乌苏里江、图们江为界，故吉省以珲春为极边，东距省城仅千余里。图们、珲春皆见《金史·世纪》［图们旧作统们，珲春旧作珲蠢，皆乾隆间译改］。珲春河在宁古塔城东南六百里，源出通垦山，会诸小水，西南流入图们江、乌苏里河，北流入黑龙江。《金史·太宗纪》：天会九年，命以图们水以西和博、锡馨、珊沁三水以北闲田给海兰路诸穆昆。《盛京通志》：图们江在宁古塔城南六百里，源出长白山，东北流绕朝鲜北界，复东南折入海。案：吉林城南三百余里亦有图们河，其下流为辉发河，与此名同地异。黑省以黑龙江城为重镇，南距将军所驻之齐齐哈尔城即卜魁城，将军向驻爱珲，康熙三十二年移墨尔根，三十八年复移卜魁，建为省会。亦仅千余里，俄人移其所谓噶噶林者驻于伯利，西距我黑龙江城即爱珲，或作艾珲，亦作艾虎。不及五百里，其阿穆尔省大酋所驻之海兰泡，南去我黑龙江城仅百余里耳。金时，海兰路置总管府[旧作合懒]，又作孩懒，皆乾隆时译改[见《金史·世纪·地理志》]。东南至高丽界五百里[见《金史·地理志》]，当在今宁古塔之南。元置海兰府[以海兰河得名，河流入海。见《元史·地理志》，与今海兰窝集之河流入呼尔哈河者不同]，则在吉林北境。明时置海兰卫，地无可考，疑即今时海兰路，皆与今之海兰泡异地。惟《元史·地理志》云：合兰府[即海兰]水达达等路土地旷阔，人民散居。元时置军民万户府五，分镇混同江南北之地，无市井城郭，逐水草为居，以射猎为业。案：《元史》所云，即打牲部落之俗。今海兰泡地在混同江北，或即元时海兰府所辖欤[《黑龙江外纪》：呼伦贝尔通称海兰儿。按：其地有凯喇尔河，即海兰儿之音转，与此异地]。轮舶自黑龙江口一水可达。黑龙江或称混同江，盖松花江一名混同，其下流会黑龙以入海，五受通称[见《金史·世纪》]。《辽史·圣宗纪》：太平四年，诏改鸭子河曰混同江[《契丹国志》：又谓太宗时改名]。鸭子河亦松花江之异名，又名松阿理河[松阿理，国语谓天河也。此三名皆见《金史·地理志》，而误分为三水]，即《魏书》之速末水也[《新唐书》作粟末]。俄复欲造铁路于珲春，则不出半月可由陆路径达其国都矣。图们江与朝鲜连界，其扼我绥芬河口者，曰海参崴《盛京通志》：绥芬河在宁古塔东南四百四十里入图们江。按：国初本为绥芬路，属窝稽部，辽金之率宾府当在其地。《金史·世纪》：有苏滨水即率宾水，亦即绥芬水之转音。俄割得此地后，屯重兵，筑炮台，通商招垦，遂成巨镇。迤北如岩杵河、双城子等处，皆设官置戍，期渐与伯利声势联络，以窥我吉林朝鲜。《满洲源流考》引《元一统志》：自南京而南曰海兰府，又南曰双城。复引《明实录》：永乐四年七月，因温托珲等部人吉里纳入朝，置双城等五卫，疑皆今双城子之地也。《辽史·地理志》：双州亦有双城县。辽双州在今铁岭，与此异地。故俄之有海参崴犹英之有新加坡也。英得新加坡而经营之，南洋遂以多事；俄得海参崴而经营之，北洋亦渐起风波。今且欲勾结朝鲜以为属国，朝鲜有事则旅顺危，北洋之门户也。铁路若成，则黑龙江与内外蒙古均将疲于奔命。京师之藩篱也。俄地既广而北负冰洋，无虞后路，遂日以蚕食为事，欧洲诸国常视俄为轻重。德与法战必先结俄，今俄德之交渐离，则法益亲俄，以图报复。俄觊欧地而苦无隙可乘也，亦乐挑诸国使自斗而坐收渔人之利。其国势本注重欧洲，故久思灭土耳基据欧洲之腰膂，以求逞其大欲。英法诸国出而救土，俄既不得志于西，则思启其东封。英之救土为自救计也。然俄辙既东，印度仍当其冲，中国亦受其敝。二百年来俄未与中国寒盟，盖地势阻之。今吉黑边境既为所割，浩罕邻封又为所并，东西万余里在在与之接界，其首冲在新疆，其次即在吉林，而吉林实为根本重地，故东三省之绸缪不可缓者此也。至于中俄交涉，山川形势，卡伦、鄂博诸制，则《盛京通志》《海国图志》《朔方备乘》诸书具载之。

图书在版编目（CIP）数据

　　吉林纪略. 一, 柳边纪略　宁古塔纪略　绝域纪略
吉林舆地说略　吉林地略　吉林形势 / (清) 杨宾撰；
(清) 吴桭臣, (清) 方拱乾著. -- 长春 : 吉林文史出版
社, 2021.1
　　（长白文库）
　　ISBN 978-7-5472-7574-0

　　Ⅰ. ①吉… Ⅱ. ①杨… ②吴… ③方… Ⅲ. ①地理—
吉林 Ⅳ. ①K923.4

　　中国版本图书馆CIP数据核字(2020)第254624号

吉林纪略·一　柳边纪略　宁古塔纪略　绝域纪略　吉林舆地说略　吉林地略
　　吉林形势

JILIN JILÜE YI LIUBIAN JILÜE NINGGUTA JILÜE JUEYU JILÜE JILIN YUDI
SHUOLÜE JILIN DILÜE JILIN XINGSHI

出 品 人：张　强
撰　　者：（清）杨宾
著　　者：（清）吴桭臣　（清）方拱乾
整　　理：杨立新　韦庆媛
丛书主编：郑　毅
本版校注：赵太和
责任编辑：程　明　戚　晔
装帧设计：尤　蕾
出版发行：吉林文史出版社有限责任公司
电　　话：0431-81629369
地　　址：长春市福祉大路出版集团A座
邮　　编：130117
网　　址：www.jlws.com.cn
印　　刷：吉林省优视印务有限公司
开　　本：170mm×240mm　1/16
印　　张：13.25
字　　数：160千字
版　　次：2021年1月第1版　2021年1月第1次印刷
书　　号：ISBN 978-7-5472-7574-0
定　　价：128.00元